AINDA NÃO É O FIM!

AUGUSTUS NICODEMUS

AINDA NÃO É O FIM!

ENCONTRANDO ESPERANÇA E CONSOLO NAS PALAVRAS DE JESUS SOBRE OS ÚLTIMOS DIAS

© 2022 Augustus Nicodemus Lopes

1ª edição: janeiro de 2022
1ª reimpressão: agosto de 2025

Revisão: Josemar Souza Pinto e Luiz Werneck Maia
Diagramação: Sonia Peticov
Capa: Rafael Brum
Editor: Aldo Menezes
Editor-assistente: Fabiano Silveira Medeiros
Assistente editorial: Raquel Carvalho Pudo
Coordenador de produção: Mauro Terrengui
Impressão e acabamento: Bookwire Brazil

As opiniões, as interpretações e os conceitos desta obra são de responsabilidade de quem a escreveu e não refletem necessariamente o ponto de vista da Hagnos.

Todos os direitos desta edição reservados à
EDITORA HAGNOS LTDA.
Rua Geraldo Flausino Gomes, 42, conj. 41
CEP 04575-060 — São Paulo, SP
Tel.: (11) 5990-3308

E-mail: editorial@hagnos.com.br
Home page: www.hagnos.com.br
Editora associada à Associação Brasileira de Direitos Reprográficos (ABDR)

Dados Internacionais de Catalogação na Publicação (CIP)

Lopes, Augustus Nicodemus

Ainda não é o fim: encontrando esperança e consolo nas palavras de Jesus sobre os últimos dias / Augustus Nicodemus Lopes. — São Paulo: Hagnos, 2022.

ISBN 978-85-7742-320-0

1. Bíblia — Leitura 2. Fé 3. Segundo Advento — Doutrina bíblica I. Título

21-5648   CDD 220.7

Índices para catálogo sistemático:
1. Bíblia — Leitura

Angélica Ilacqua CRB-8/7057

Sumário

Apresentação 7

| capítulo um
A destruição do templo 11

| capítulo dois
O princípio das dores 39

| capítulo três
A Grande Tribulação 65

| capítulo quatro
A vinda de Jesus Cristo 91

| capítulo cinco
Como aguardar a vinda de Cristo 107

Sobre o autor 127

Apresentação

Este livro é a transposição para texto de mensagens que tenho pregado em alguns lugares sobre o Sermão Escatológico de Jesus. Por esse motivo, o leitor perceberá que ele lembra muito mais uma pregação que um estudo propriamente dito. Não vou pedir desculpas por isso. Creio que esse gênero literário — o de mensagens pregadas passadas para este formato — é uma contribuição do cristianismo brasileiro contemporâneo para a literatura nacional. Apenas peço que o leitor leia como se estivesse me ouvindo pregar. E, como tal, o leitor não vai encontrar notas de rodapé, citações eruditas nem exegeses profundas no original — claro, tudo isso poderia ser feito em outro tipo de obra.

Escolhi o registro do Sermão Escatológico no Evangelho de Marcos por seu tamanho e forma, que se adequam mais facilmente a uma divisão proporcional e didática de seu conteúdo, facilitando a exposição. Contudo, o registro de Mateus e Lucas foram continuamente consultados e usados, para que se pudesse fazer uma leitura ampla das palavras do Senhor.

Pregar sobre esse assunto tem sido para mim, sempre, uma experiência renovadora da fé na vinda do Senhor Jesus. Lembro-me especialmente de uma ocasião em que preguei essas mensagens na cidade de Belo Horizonte, em uma ocasião festiva que reuniu todas as igrejas presbiterianas da cidade num grande auditório. Era possível perceber o impacto da exposição das palavras do Senhor na multidão atenta, cuja esperança e expectativa da sua vinda eram reacendidas à medida que a exposição bíblica prosseguia. Foi uma noite memorável, naquele domingo, com o auditório lotado e centenas de pessoas louvando a Deus pela certeza da vinda de seu Filho a este mundo com poder e glória.

Foram experiências como essas que me encorajaram a aceitar o desafio do reverendo Celsino

Gama de publicar essas mensagens. Como eu, o rev. Celsino abraça a visão amilenarista quanto ao retorno do Senhor. E ambos temos o desejo de contribuir para a melhor compreensão desse evento glorioso no meio evangélico brasileiro, onde imperam várias correntes escatológicas que carecem de uma fundamentação bíblica mais consistente.

É com essa expectativa que esta obra vem a público.

São Paulo, verão de 2022
Augustus Nicodemus Lopes, ph.D.

capítulo um

A destruição do templo

Ao sair Jesus do templo, disse-lhe um de seus discípulos: Mestre! Que pedras, que construções!
Mas Jesus lhe disse: Vês estas grandes construções? Não ficará pedra sobre pedra, que não seja derrubada.
No monte das Oliveiras, defronte do templo, achava-se Jesus assentado, quando Pedro, Tiago, João e André lhe perguntaram em particular: Dize-nos quando sucederão estas coisas, e que sinal haverá quando todas elas estiverem para cumprir-se (Marcos 13:1-4).

Introdução

Um dos sermões mais famosos de Jesus é aquele conhecido como o Sermão Escatológico. Registrado em Marcos 13, ele é assim chamado porque, nessa passagem, Jesus revela aos seus discípulos as últimas coisas que haverão de acontecer; e é isso que a palavra "escatologia" significa: o estudo das últimas coisas. Nesse capítulo, mais do que em qualquer outra parte do Evangelho de Marcos, Jesus desvenda, de uma forma clara e sequenciada, as coisas que ainda haveriam de acontecer, a partir do ponto em que Ele se encontrava na História, até a sua segunda vinda.

Nesse sermão, Jesus fala a respeito dos seguintes assuntos: a destruição do templo de Jerusalém, que é o tema dos quatro primeiros versículos; as perseguições que hão de vir sobre seus discípulos, em geral (versículos 5-13), e, em particular, um período que é chamado de "a grande tribulação" (versículos 14-23); a sua segunda vinda em glória para julgar o mundo (versículos 24-27); e a necessidade de vigilância da parte de seus discípulos (versículos 28-33). Para ilustrar esse ponto, Jesus conta duas parábolas: a parábola da figueira e a parábola do dono de casa que se ausentou por um tempo e deu ordens aos seus empregados quanto a vigiar (versículos 34-37).

Iniciemos com o relato do que Jesus disse quanto à destruição do templo de Jerusalém:

> Ao sair Jesus do templo, disse-lhe um de seus discípulos: Mestre! Que pedras, que construções! Mas Jesus lhe disse: Vês estas grandes construções? Não ficará pedra sobre pedra, que não seja derribada.
> No monte das Oliveiras, defronte do templo, achava-se Jesus assentado, quando Pedro, Tiago, João e André lhe perguntaram em particular:
> Dize-nos quando sucederão estas coisas, e que sinal haverá quando

> todas elas estiverem para cumprir-se
> (Marcos 13:1-4).[1]

A exclamação dos discípulos

O que motivou a exclamação de um dos discípulos de Jesus sobre o templo? O texto nos diz que, quando Jesus saía do templo, um dos discípulos chegou até Ele e disse: "Mestre! Que pedras, que construções!" (13:1). Por que o discípulo teria feito esta afirmação? Por que ele havia chamado a atenção de Jesus para a beleza e a grandiosidade do templo? Provavelmente, por causa das palavras que Jesus havia proferido poucos dias antes contra os fariseus, na sua última semana, quando esteve aqui neste mundo, ensinando no próprio templo de Jerusalém:

> Serpentes, raça de víboras! Como escapareis da condenação do inferno? Por isso, eis que eu vos envio profetas, sábios e escribas. A uns matareis e crucificareis; a outros açoitareis nas

---

[1] A versão bíblica usada é a Almeida Revista e Atualizada, segunda edição, a não ser quando indicado em contrário. O texto grego consultado é o de Nestle & Aland, 27ª edição.

vossas sinagogas e perseguireis de cidade em cidade; para que sobre vós recaia todo o sangue justo derramado sobre a terra, desde o sangue do justo Abel até ao sangue de Zacarias, filho de Baraquias, a quem matastes entre o santuário e o altar. Em verdade vos digo que todas estas coisas hão de vir sobre a presente geração (Mateus 23:33-36).

À semelhança de Marcos, Mateus registrou o ministério terreno de Jesus, como Ele entrou em Jerusalém, como começou a ensinar diariamente no templo, e como foi, a cada passo, obstaculizado pelos saduceus, pelos fariseus, pelos herodianos, pelos sacerdotes, enfim por toda liderança religiosa de Israel, que não aceitava que Ele fosse o Messias. Mateus ainda registrou os intensos debates e disputas de Jesus com eles. Durante esse período, Jesus proferiu algumas palavras que, provavelmente, ficaram ecoando na mente dos discípulos com relação ao templo. Palavras como a lamentação sobre a cidade santa:

> Jerusalém, Jerusalém, que matas os profetas e apedrejas os que te foram

> enviados! Quantas vezes quis eu reunir os teus filhos, como a galinha ajunta os seus pintinhos debaixo das asas, e vós não o quisestes! Eis que a vossa casa vos ficará deserta. Declaro-vos, pois, que, desde agora, já não me vereis, até que venhais a dizer: Bendito o que vem em nome do Senhor! (versículos 37-39).

Segundo Mateus, foi depois dessas palavras que Jesus saiu do templo: "Tendo Jesus saído do templo, ia-se retirando, quando se aproximaram dele os seus discípulos para lhe mostrar as construções do templo" (24:1). Ou seja, Deus haveria de, naquela geração, enviar o castigo contra a nação de Israel, porque, historicamente, ela havia rejeitado todos os profetas, todos os sábios e todos os escribas que Deus havia enviado com uma mensagem de arrependimento. E, sobre isto, Jesus havia dito assim: "Eis que a vossa casa vos ficará deserta". Pode ser que os discípulos tenham começado a pensar: "A nossa casa vai ficar deserta. Jesus está falando de Jerusalém. E o que vai ser do templo? Está Jesus querendo dizer que esse castigo que virá sobre a cidade irá incluir também o templo? O templo onde está a presença de Deus? Onde a arca da aliança costumava estar, o símbolo da presença de Deus no meio do seu povo?" Dessa maneira, a expressão "a vossa casa vos ficará deserta" realmente alarmou os discípulos. Eles entenderam que "casa" era Jerusalém, mas que incluía também o templo. Daí a exclamação de um deles, ainda no versículo primeiro: "Que pedras, que construções!"

Nós conhecemos bem a história do templo. Ele foi construído por Salomão, com grande suntuosidade, riqueza e pompa. Salomão não poupou recursos. Por isso, provavelmente, era um dos edifícios mais belos e caros do mundo antigo. O templo foi destruído, primeiro, por volta de 700 a.C., pelos babilônios, que invadiram a cidade, por ordem do rei Nabucodonosor. Foi reconstruído quando Neemias, juntamente com uma leva de judeus, retornou do cativeiro, ainda auxiliado por Esdras. A nova construção era acanhada em relação à primeira. Não se podia comparar com a glória do primeiro templo. Durante o período dos macabeus, relatado pelos livros apócrifos com esse nome, os judeus lentamente tentaram reconstruir plenamente o templo, que sofreu saques; às vezes, os romanos ajudavam; às vezes, não. Nessa época, Antíoco Epifânio mandou colocar uma imagem dele mesmo dentro do templo e fez sacrifício de uma porca no altar. A arca da aliança já havia se perdido, e ninguém sabia onde ela estava; perdeu-se durante a invasão dos babilônios. Enfim, o templo nunca voltou a ser o que era antes, até que Herodes, o Grande, resolveu reconstruí-lo e remodelá-lo em 19 a.C. Esse rei, conhecido pelas suas maldades, de alguma maneira, é agora usado para restaurar a beleza antiga da "habitação" de Deus. O assim chamado "templo de Herodes" não era tão grande e tão glorioso quanto o de Salomão, mas tinha, à semelhança deste, muito ouro, prata e mármore.

O muro que cercava o templo, conforme o desenho que Herodes mandou fazer, era composto de enormes pedras brancas, gigantescas, algumas delas pesando mais de 1 tonelada. As pedras eram colocadas formando a parede que dividia o templo do resto da cidade. Herodes não era um homem generoso; cada judeu tinha que pagar um imposto, que ia direto para a reconstrução.

Ali estava o templo em plena reconstrução. As obras não estavam ainda acabadas, e os discípulos, com certeza, não queriam acreditar que o templo de Deus, que estava sendo restaurado de uma maneira tão bonita, com esforço, com dinheiro suado do povo judeu, seria destruído e arrasado outra vez.

Contudo, a resposta de Jesus é a de alguém que não está impressionado com a imponência da construção. Ele profetiza sua destruição em termos fortes: "Vês estas grandes construções? Não ficará pedra sobre pedra, que não seja derribada" (13:2). Por isso, os discípulos ficaram alarmados. E, quando chegam ao monte das Oliveiras para passar a noite, os três discípulos mais chegados de Jesus se aproximam dele com duas perguntas: "Dize-nos quando sucederão estas coisas, e que sinal haverá quando todas elas estiverem para cumprir-se" (13:4).

A importância do templo no judaísmo

Do monte das Oliveiras, eles podiam ver as majestosas construções do templo. Talvez, sentados na encosta do monte, os discípulos admirassem os raios do sol que se punha, colorindo de dourado as paredes brancas daquele lugar. A visão devia ser realmente impressionante.

O interesse, porém, dos discípulos em saber quando o templo seria destruído se devia ao seguinte: eles eram judeus e ainda estavam imersos no judaísmo; eram judeus praticantes, e o templo, no judaísmo do Antigo Testamento, ocupava um lugar central. Primeiro, porque havia sido erigido, por ordem do próprio Deus, como local único de adoração. Foi Deus quem mandou Davi desenhar a planta do que, futuramente, seria o templo (1Crônicas 28:19). Antes, havia o Tabernáculo, lugar onde, no passado, a arca da aliança permanecera. No templo, ficava o Santo dos Santos, local da presença de Deus. A Arca não estava mais lá, mas o Santo dos Santos continuava no mesmo local — representava toda a religião do Antigo Testamento.

No templo, eram oferecidos sacrifícios diários a Deus. Nele ministravam os sacerdotes. Ali havia todo um esquema montado para fazer funcionar o sistema sacrificial. Ao judeu era proibido sacrificar em qualquer outro lugar que não fosse Jerusalém. No templo, havia o altar e também uma ordem de sacerdotes, com todo o aparato, todo o instrumental necessário, para receber as ofertas e sacrifícios dos animais que eram trazidos pelos judeus e oferecidos, regularmente, sobre o altar. Ali era um lugar onde o povo vinha orar e clamar a Deus. A importância do templo levara, possivelmente, à pergunta dos discípulos: "Isso tudo será destruído?" — sua destruição pelo próprio Deus significaria um castigo muito grande sobre todo o povo de Israel. Assim, os discípulos começaram a pensar nas implicações da destruição do templo, a entender que ela estava associada a uma nova era, que daria início ao fim do mundo.

Isto é fato, pois, na pergunta que fizeram, segundo o relato de Mateus, os discípulos falam de "fim do mundo". Eles dizem: "Dize-nos quando sucederão estas coisas e que sinal haverá da tua vinda e da consumação do século" (Mateus 24:3), porque Jesus havia dito: "Declaro-vos, pois, que [...] já não me vereis, até que venhais a dizer: Bendito o que vem em nome do Senhor!" (Mateus 23:39). Então, os discípulos entenderam que Ele estava falando de sua vinda futura. Entenderam que a destruição do templo estaria dando início a um período que, na escatologia judaica, se chamava "o fim dos tempos". Esse era o interesse dos discípulos com as suas perguntas.

Nesse mesmo capítulo, veremos que Jesus respondeu sobre os sinais da sua vinda, o que iria acontecer a partir dali, e sobre o juízo final.

Jesus fez também uma série de advertências àqueles que o seguiam, tudo isso numa só mensagem, assuntos esses tão misturados que, às vezes, fica difícil separar uma coisa da outra. Mas, agora, ficaremos com a questão do templo.

A destruição do templo de Jerusalém

O que Jesus profetizou a respeito do templo de Jerusalém se cumpriu literalmente. E, para que nós saibamos sobre a exatidão da profecia de Jesus, vamos ver outros textos onde Ele falou do mesmo assunto.

Primeiramente, vejamos Mateus 22:7. Aqui temos a conhecida *parábola da festa de casamento* contada por Jesus. Um rei deu uma festa de casamento do seu filho e chamou os convidados, mas os convidados não quiseram ir. Agindo dessa maneira, os convidados afrontaram o rei; os convidados não quiseram atender ao convite real e ainda mataram os que o rei tinha enviado para fazer o convite.

Então, Jesus diz: "O rei ficou irado e, enviando as suas tropas, exterminou aqueles assassinos e lhes incendiou a cidade" (Mateus 22:7).

Todos os que ouviram Jesus entenderam que essa parábola se referia aos judeus. O rei é Deus. O banquete de casamento para o seu filho é exatamente a vinda de Cristo. E o convite é o evangelho. Todos os judeus foram convidados a participar da cerimônia, por meio da pregação do evangelho, mas nenhum deles quis ir. Então, a ira de Deus se acendeu, e Ele enviou as suas tropas, os seus exércitos, para exterminar aqueles assassinos, porque eles tinham matado não somente os enviados para o convite, os profetas, como também o próprio Filho, e lhes incendiou a cidade.

Segundo, vejamos Mateus 23:33-39. Nessa passagem, Jesus profetiza o que vai acontecer com Jerusalém e com tudo que estava dentro dela: "a vossa casa vos ficará deserta" (versículo 38). Lucas dá detalhes ainda mais precisos daquilo que Jesus falou sobre a destruição da cidade e do templo:

> ... sobre ti virão dias em que os teus inimigos te cercarão de trincheiras e, por todos os lados, te apertarão o cerco; e te arrasarão e aos teus filhos

dentro de ti; não deixarão em ti pedra sobre pedra, porque não reconheceste a oportunidade da tua visitação (Lucas 19:43-44).

Qual o quadro que Mateus e Lucas nos pintam? O que Jesus havia profetizado? Jesus profetiza que, como Israel não reconheceu a oportunidade da sua visitação, quer dizer, não reconheceu que Deus lhe estava enviando o Messias prometido, ao contrário, o povo rejeitou os enviados do Messias e o próprio Messias, então, por causa disso, Jerusalém seria cercada. A cidade seria sitiada por exércitos, instrumentos de Deus que executariam sua justiça; trincheiras seriam levantadas contra ela; Jerusalém seria queimada e arrasada, e a população massacrada, morta à espada; o templo seria destruído, não sobraria pedra alguma, e os sobreviventes seriam dispersos pelo mundo todo.

No capítulo 21 de Lucas, versículos 20 a 24, Jesus diz aos seus discípulos: "Quando, porém, virdes Jerusalém sitiada de exércitos, sabei que está próxima a sua devastação". Está claro que Jesus falava sobre o sítio de Jerusalém por exércitos e sua devastação que haveria de vir. No versículo 22, ele diz: "... estes dias são de vingança, para se cumprir tudo o que está escrito". Vingança de Deus contra um povo rebelde, sem gratidão, que matou os profetas e rejeitou o Messias e tudo o que Deus havia feito em benefício deles.

No versículo 23, Jesus declara: "Ai das que estiverem grávidas, das que amamentarem naqueles dias! Porque haverá grande aflição na terra e ira contra este povo". No versículo 24, diz: "Cairão ao fio de espada e serão levados cativos para todas as nações; e, até que os tempos dos gentios se completem, Jerusalém será pisada por eles". Mais claro que isso não pode ser.

Que surpresa, talvez, para os discípulos, que ainda não haviam compreendido todo o desígnio de Deus! Mas a história vindicou o Senhor Jesus. Tudo ocorreu exatamente como Ele havia dito: trinta e seis anos após essas palavras, os judeus se rebelaram outra vez contra os romanos. O imperador Vespasiano enviou os exércitos romanos à Palestina para debelar a rebelião. As tropas eram comandadas pelo general Tito, seu filho, que mais tarde seria imperador. Os exércitos romanos entraram na Judeia e, no ano 67 d.C., cercaram Jerusalém. Fizeram trincheiras ao redor dela e, durante três anos, sitiaram a cidade. Os judeus resistiram aos invasores, lutando como podiam. Milhares de judeus, fugindo de todas as partes da Judeia por causa da guerra, se concentraram ali e ofereceram uma última resistência aos exércitos do general Tito. Finalmente, no ano 70, Jerusalém caiu, e os romanos a destruíram completamente, juntamente com o templo.

Os que haviam se refugiado ali foram massacrados, mortos ao fio da espada; outros, crucificados; outros, queimados vivos; outros, empalados; e outros, levados como prisioneiros para serem lançados nas arenas e nos anfiteatros romanos para divertimento da elite romana. Existe ainda hoje, nas ruínas de Roma, o Arco de Tito, que celebra a sua vitória no ano 70 sobre os judeus. Uma vitória difícil: três anos de cerco e um massacre.

Na época da invasão, havia um comandante judeu na Galileia chamado Josefo. Ele era chefe de uma guarnição e foi vencido pelos romanos. Mas, como era um homem muito político e bastante hábil, foi poupado pelos romanos e levado como prisioneiro de guerra para Roma. Que história Josefo contou a eles não sabemos, mas que os romanos o pouparam é fato. Em Roma, Josefo foi recebido e tratado favoravelmente pelo imperador;

recebeu uma pensão e foi feito cidadão romano. Passou a se chamar Flávio Josefo.

Flávio Josefo passou o resto de seus dias em Roma, onde escreveu duas obras extraordinárias, que ainda hoje existem, as quais são uma fonte muito grande de pesquisa e conhecimento para nós. A primeira obra é chamada *Antiguidades judaicas*, onde ele conta a história dos hebreus. A segunda é *Guerra dos judeus*, onde narra as guerras dos judeus, especialmente a guerra na qual foi testemunha ocular dos fatos. Destaco a seguir quatro partes da narrativa de Flávio Josefo, para mostrar o horror daqueles dias e a exatidão com que as palavras de Jesus se cumpriram:

> Aquela construção, que era o templo, Deus havia sentenciado há muito para o fogo. E agora havia chegado o dia fatídico. Um dos soldados, sem esperar a ordem e sem temer o que haveria de fazer, mas movido por um impulso sobrenatural, tomou um tição de fogo da madeira que ardia, e, ajudado por um companheiro, lançou o petardo terrível através de uma das janelas douradas do templo. Quando as chamas cresceram, um grito, tão agudo quanto a tragédia, ouviu-se da parte

dos judeus, pois aquilo que haviam guardado tão cuidadosamente estava para ser destruído.

Em outra parte, ele diz:

> Os judeus, à medida que iam sendo massacrados, morriam com os olhos voltados para o templo, que estava sendo queimado, estendendo as mãos, como que dizendo: "Deus, por que o Senhor deixou isso acontecer?"; "Deus, por que o Senhor não impede que isso aconteça?"

E outra vez:

> Enquanto o santuário ardia em chamas, não se mostrava misericórdia pela idade nem posição social. Ao contrário, crianças e velhos, leigos e sacerdotes, iam sendo massacrados igualmente.
>
> O imperador determinou que a cidade inteira e o templo fossem arrasados até os fundamentos, com exceção das torres altas de Fasael, Hípico e Mariame, e aquela parte da muralha que cerca a cidade pelo Oeste. O resto da muralha foi de tal forma nivelado a não deixar aos futuros visitantes

qualquer indicação de que ali, antes, tinha sido um local habitado.

Flávio Josefo mencionou ainda que muitas das pedras do chão do templo foram quebradas pelos soldados para se tirar o ouro que havia caído ali. O fogo derreteu o ouro que tinha no teto do templo, e o ouro caiu e entrou pelas brechas do assoalho de pedras. Não ficou, assim, pedra sobre pedra no templo de Jerusalém, exatamente como Jesus havia dito. É interessante observar que em escavações feitas em 1968 foram desenterradas pedras brancas, derrubadas do muro do templo e da cidade.

O que podemos aprender com tudo isso?

Será que, para nós, isso tem apenas interesse arqueológico ou histórico? São apenas curiosidades? Não! Há muita coisa nesses textos que nos levam à presença de Deus, com humildade e coração pronto para aprender. Destaco aqui algumas lições:

A primeira delas é sobre a genuinidade da Palavra de Deus e a confirmação de que Jesus era, de fato, um profeta enviado por Ele. As profecias de Jesus sobre a destruição de Jerusalém e o templo, feitas cerca de quarenta anos antes, foram tão exatas que hoje há muitos estudiosos da Bíblia que não acreditam que Ele realmente tenha dito aquelas palavras. Preferem acreditar que Marcos 13 é *Vaticinium ex eventu*, isto é, uma profecia após o evento ter acontecido. Para eles, os escritores da Bíblia registraram a profecia de Jesus depois que o fato já havia acontecido. Eles dizem: "Marcos inventou essas palavras, depois dos anos 70, porque já sabia o que tinha acontecido. Jerusalém havia sido destruída e o templo também. E, quando escreveu o Evangelho, Marcos colocou as palavras de profecia na boca de Jesus, porque são tão exatas que não poderiam ter sido ditas antes. Não existe profecia tão exata assim".

O problema com esses estudiosos, porém, é que partem do preconceito de que Deus não poderia ter revelado antecipadamente a Jesus o que iria acontecer. Essas pessoas não têm fé, não creem no Deus da Bíblia. Não creem que Ele deu conhecimento antecipado do futuro aos profetas, muito menos creem que Jesus era o Filho de Deus. Portanto, não podem crer que essas palavras da Bíblia foram pronunciadas trinta e seis anos antes que acontecessem. É sobrenatural. Se essas pessoas aceitarem que essas palavras foram escritas cerca de quarenta anos antes, vão ter que aceitar que Deus intervém na História, vão ter que aceitar as profecias, vão ter que aceitar a divindade de Jesus, bem como a autenticidade do Evangelho.

Nós, que cremos na Bíblia, não temos qualquer problema em reconhecer a autenticidade desses registros. Eu não tenho problema em acreditar que isso foi escrito décadas antes do ocorrido. Eu não teria nem mesmo problema em acreditar que foi escrito séculos antes! Por quê? Porque eu creio no Deus da Bíblia! Eu creio no Deus que fez o mundo do nada, que conhece todas as coisas, que controla a História, o Universo e os eventos!

O que é demasiado para Deus? Dar ao seu Filho conhecimento antecipado das coisas que haveriam de acontecer? O que faz as pessoas dizerem isso é simplesmente a incredulidade. Mas elas não têm prova alguma! Ao contrário, as provas que nós temos, manuscritas e arqueológicas, apontam para o fato de que os Evangelhos foram escritos por volta do último ano da década de 50 e meados da década de 60. Essa é a data mais provável, quase certa, em que os Evangelhos foram escritos. Por que então acreditam que foram escritos depois? Não é porque há qualquer prova arqueológica ou histórica ou manuscrita, porque, de fato, não existem. O que eles têm é incredulidade, só isso. Então, para decidir entre uma teoria, que é baseada na incredulidade, e outra, que aceita o registro bíblico como autoridade, fico com o que a Bíblia diz. Não há nada que me impeça de acreditar que as palavras de Jesus são genuínas, verdadeiras e refletem o conhecimento de Deus, a sua divindade e a exatidão da sua Palavra escrita.

A segunda lição que podemos aprender com os textos de Mateus e Marcos diz respeito à natureza da profecia bíblica. Nesses textos, temos um exemplo do que é a verdadeira profecia bíblica, ou seja, Jesus, como profeta, enviado de Deus, prevê o futuro com exatidão. E os eventos futuros por Ele narrados e previstos se cumprem exatamente como Ele diz. Aqui não há generalizações. Jesus diz que haverá trincheira, exército, não ficará "pedra sobre pedra", o templo será destruído, milhares irão morrer ao fio da espada e o restante será espalhado pelo mundo. E tudo ocorreu exatamente assim. Isso é profecia; o resto é invenção!

Em algumas igrejas pentecostais de hoje, o que ouvimos é: "Existe alguém aqui, hoje, que está com problemas de saúde. Alguém que está com problemas no casamento. Deus está me mostrando isso agora". Que diferença da profecia bíblica! A profecia bíblica é exata, não receia ser particular, de dizer nomes e lugares, de identificar os eventos. Devemos ficar com a profecia bíblica, e quem acredita ser profeta de Deus, que profetize com exatidão, e que aconteça exatamente o que está dizendo. Nosso povo é crédulo; nosso povo acredita em tudo. Basta chegar alguém se dizendo profeta, alguém dizendo que faz milagres, sinais e prodígios, fazendo profecias vagas e gerais, que o povo vai atrás.

Nós precisamos, por um lado, crer no poder de Deus, mas, por outro lado, ser sábios. A Bíblia nos foi dada para que pudéssemos avaliar e aferir os fenômenos espirituais, aferir a história, aferir tudo que acontece ao nosso redor e, especialmente, fazer a distinção entre o certo e o errado. E aqui nós estamos diante do que é realmente a profecia bíblica.

Há, porém, uma terceira lição a ser aprendida. É que a destruição do templo, como aconteceu, representou o castigo de Deus contra a incredulidade e rebeldia dos judeus. Moisés havia predito que, se o povo desobedecesse e permanecesse na desobediência dos seus estatutos e dos seus mandamentos, Deus mandaria uma nação estrangeira para arrasar Israel, destruir a cidade e o seu povo e levar os sobreviventes (Deuteronômio 28:15,49-51). Isso já havia acontecido no passado: os assírios vieram e levaram o reino do Norte, e os babilônios, sob o comando de Nabucodonosor, vieram e levaram Judá, o reino do Sul, por causa da desobediência de Israel (2Reis 17; 24).

Agora, os romanos foram instrumentos de Deus para executar o castigo de Deus sobre a nação rebelde. E essa foi a última vez. O castigo foi definitivo, conforme diz o apóstolo Paulo:

> ... os quais [judeus] não somente mataram o Senhor Jesus e os profetas, como também nos perseguiram, e não agradam a Deus, e são adversários de todos os homens, a ponto de nos impedirem de falar aos gentios para que estes sejam salvos, a fim de irem enchendo sempre a medida de seus pecados. A ira, porém, sobreveio contra eles, definitivamente (1Tessalonicenses 2:15-16).

Como? Definitivamente! Foi como se Deus dissesse: "Chega! Essa foi a última vez". E a ira veio sobre eles, de maneira definitiva. Ou seja, eles não mais teriam o privilégio do culto, da aliança, do Messias e das Escrituras!

Então, um outro povo foi chamado, um povo que não é preso a limites étnicos ou geográficos, mas que está espalhado pelo mundo inteiro: a igreja, que é composta de judeus e gentios, e que crê em Jesus como Senhor e Salvador. Portanto, a igreja assume agora a posição que Israel tinha antes. E ela recebe privilégios e é continuadora e sucessora espiritual daquele povo que recebeu tantos privilégios e os perdeu por causa da incredulidade, da rejeição e da rebelião contra Deus. Assim, entendamos que a destruição do templo representa um momento crucial na história da redenção. É o momento em que Deus diz àquele povo: "Agora basta! Os privilégios serão tirados e entregues a um outro povo que produz frutos".

Hoje Deus tem um único povo, que é a sua igreja, e os judeus não receberão tratamento diferenciado só porque são judeus. Se eles não se converterem a Cristo Jesus, não poderão fazer parte do povo de Deus, não poderão ir para a glória celestial e ser salvos. Morrerão em seus pecados como aqueles que morreram porque rejeitaram o Messias. Não há acepção em Jesus Cristo: o evangelho é para os judeus e para os gentios.

Aqui não vai nenhuma discriminação, pois eu vejo os judeus como qualquer outro povo que precisa ser evangelizado e oro pela conversão de Israel. Oro para que Deus levante missionários que preguem o evangelho àquela nação que, um dia, já teve tantos privilégios, mas que hoje continua na rebelião, na incredulidade e longe dos caminhos de Deus.

Podemos, ainda, tirar uma quarta lição desses textos: a igreja apresenta a Deus um novo culto, não mais com base nas cerimônias e rituais do templo. A destruição do templo marca historicamente o final do culto da antiga dispensação. Na verdade, o culto da antiga dispensação, que era feito no templo com os cerimoniais, os rituais, os sacerdotes e os sacrifícios, foi abolido quando o véu foi rasgado, na morte de Cristo. Mas, na prática, historicamente, isso aconteceu em 70 d.C., quando o templo foi completamente destruído.

Até aquela data, os judeus cristãos de Jerusalém ainda iam ao templo e realizavam cerimônias judaicas (Atos 21:20-26). Agora, adoramos a Deus em qualquer lugar, em espírito e em verdade, com os princípios da Palavra de Deus. Os cristãos não precisam da reconstrução de templo algum.

A última coisa que eu gostaria de tirar como lição é que não convém a nós, crentes, ficar absortos e impressionados com as coisas esplêndidas deste mundo, pois são todas passageiras. Já pensou na atitude daquele discípulo: "Mestre, veja que templo bonito! Veja que construções grandiosas! Veja que beleza, toda essa suntuosidade!"?

Jesus olha para ele e diz: "Você está vendo isso aí? Pois não vai ficar pedra sobre pedra". Então, não nos convém, a nós que somos peregrinos e que estamos em busca da cidade celestial, caminhando para a glória, ficar impressionados com a suntuosidade deste mundo, especialmente se são privilégios de um povo pecador, ímpio (eu não estou me referindo aos judeus, mas ao mundo em geral). Os privilégios e as construções que são feitas pelo mundo, às vezes, impressionam os cristãos, mas Jesus diz: "Você não está vendo este mundo? Não está vendo a suntuosidade deste mundo, essas grandes construções, os grandes prédios, os projetos, os planos, as ideias? Não vai ficar pedra sobre pedra que não seja derribada". E só permanecerá o que é eterno, o que vem de Deus, o que tem fundamento na sua Palavra. O resto é areia que o vento espalha.

Aos que têm dúvidas sobre a autenticidade da Bíblia, aos que acreditam numa futura reconstrução do templo de Jerusalém como parte do plano de Deus para Israel, aos que estão abusando da paciência de Deus, aos que pensam que Deus é somente amor e não castiga aqueles que lhe desobedecem, aos aflitos e desanimados, eu digo que há um Deus que está no controle de todas as coisas, no controle da História. Convém lembrar que só Jesus pode dizer: "Daqui a trinta e seis anos, não vai ficar aqui pedra sobre pedra". E vamos nos lembrar também de que, em nenhum lugar das Escrituras, existe qualquer hipótese de reconstrução do templo.

capítulo dois

O princípio das dores

Então, Jesus passou a dizer-lhes: Vede que ninguém vos engane. Muitos virão em meu nome, dizendo: Sou eu; e enganarão a muitos. Quando, porém, ouvirdes falar de guerras e rumores de guerras, não vos assusteis; é necessário assim acontecer, mas ainda não é o fim. Porque se levantará nação contra nação, e reino, contra reino. Haverá terremotos em vários lugares e também fomes. Estas coisas são o princípio das dores. Estai vós de sobreaviso, porque vos entregarão aos tribunais e às sinagogas; sereis açoitados, e vos farão comparecer à presença de governadores e reis, por minha causa, para lhes servir de testemunho. Mas é necessário que primeiro o evangelho seja pregado a todas as nações. Quando, pois, vos levarem e vos entregarem, não vos preocupeis com o que haveis de dizer, mas o que vos for concedido naquela hora, isso falai; porque não sois vós os que falais, mas o Espírito Santo. Um irmão entregará à morte outro irmão, e o pai, ao filho; filhos haverá que se levantarão contra os progenitores e os matarão. Sereis odiados de todos por causa do meu nome; aquele, porém, que perseverar até ao fim, esse será salvo. (Marcos 13:5-13)

Introdução

No capítulo anterior, vimos como Jesus havia profetizado a destruição completa do templo de Jerusalém, bem como a queda da cidade e a dispersão dos seus moradores (Marcos 13:1-2). Ele e seus discípulos estavam saindo de Jerusalém, e um deles aponta para o templo, dizendo: "Mestre! Que pedras, que construções!", falando da beleza, da suntuosidade e da majestade daquele templo. Mas Jesus retruca: "Vocês estão vendo essas grandes construções? Tudo isso aqui vai ser derribado, não vai ficar uma pedra em cima da outra, não vai ficar uma parede em pé, tudo vai cair, tudo será destruído". E os discípulos guardaram as palavras de Jesus: "Como é que o Mestre podia falar sobre a destruição do templo? Não era o templo local de habitação de Deus? Não foi o próprio Deus quem havia mandado construir um templo onde o seu culto fosse realizado?"

No versículo 3, lemos que, quando eles saíram de Jerusalém e se sentaram no monte das Oliveiras, que dava bem de frente para o templo, para passar a noite, quatro dos discípulos mais chegados de Jesus, Pedro, Tiago, João e André, se aproximam e lhe fazem duas perguntas: quando o templo seria destruído e que sinal anunciaria que isso estava próximo de acontecer (versículo 4).

Para os discípulos, a destruição do templo era praticamente o fim de todas as coisas. Seria uma catástrofe tão grande que representaria o fim da terra e dos seus habitantes. Segundo Mateus, a pergunta completa dos discípulos foi: "Dize-nos quando sucederão estas coisas e que sinal haverá da tua vinda e da consumação do século" (24:3).

A pergunta dos seguidores de Jesus, portanto, era composta de três elementos:

1. Quando o templo seria destruído.
2. Quando seria o fim do mundo.
3. Quando o Senhor retornaria em glória. Na verdade, o que aqueles homens queriam saber era sobre os sinais, as evidências, as indicações de que aquelas coisas estavam prestes a acontecer.

A resposta de Jesus vai do versículo 5 ao 37, ou seja, quase todo o capítulo 13, e tem as seguintes partes:

1. Ele faz um alerta aos discípulos quanto ao surgimento de falsos profetas, perseguições e apostasia, num período que Jesus chama de "princípio das dores" (versículos 5-13).
2. Ele faz também uma advertência quanto a um período de grande tribulação, sem igual, que sobrevirá ao mundo (versículos 14-23).
3. Ele faz o anúncio do seu retorno em glória (versículos 24-27).

Dada a absoluta imprevisibilidade desses eventos, é preciso ficar alerta, para não ser tomado de surpresa (versículos 28-37).

Jesus, porém, está falando não somente da destruição do templo, mas da sua vinda, do fim do mundo e das coisas que haverão de acontecer até lá. Esses assuntos estão misturados num mesmo sermão, de maneira que não é muito fácil separá-los. Na resposta que deu aos discípulos, Jesus, às vezes, está falando de uma coisa; às vezes, falando de outra; e outras vezes, de todas ao mesmo tempo. Por isso, precisamos de muita cautela para entender tudo isso.

Vejamos agora os sinais que Jesus dá aos seus discípulos, que indicariam a proximidade do fim do templo, o fim do mundo e sua vinda.

Sinais do fim

Esses sinais são bem gerais e visam apenas dar certeza de que o fim do templo, o fim do mundo e o retorno de Cristo, com certeza, acontecerão. Eles não apontam para uma data no calendário. Na verdade, o objetivo de Jesus com esse sermão é fazer exatamente o contrário; é dissuadir seus discípulos de ficarem analisando tempos ou épocas, ou imaginando a chegada do fim, quando ele ainda não estava próximo.

Primeiro sinal

O primeiro sinal é *o surgimento de falsos profetas*. "Vede que ninguém vos engane. Muitos virão em meu nome, dizendo: Sou eu; e enganarão a muitos" (Marcos 13:5-6). Jesus está profetizando o surgimento de falsos mestres, que se apresentam como vindos da parte de Deus.

As duas características dos falsos profetas mencionadas são que eles viriam em grande número e se apresentariam em nome de Jesus, dizendo: "Sou eu". Essa é a expressão que, no Antigo Testamento, se refere a Deus: "Eu Sou" (Êxodo 3:14). No Novo Testamento, Jesus usou essa mesma expressão para si (João 8:58). O texto diz também que eles enganarão a muitos (final do versículo 6). A mensagem do falso profeta é provavelmente esta: "Eu sou o Messias. Aqui estou. Vejam estes sinais, os prodígios que posso fazer. O fim do mundo chegou!"

Nesse texto, Jesus se referia, com certeza, ao surgimento de falsos messias, que existiram nos seus dias, antes da destruição de Jerusalém, e existem nos dias de hoje. Segundo o historiador Flávio Josefo, entre a morte de Jesus e a destruição de Jerusalém, muitos falsos messias apareceram reivindicando que eram o Cristo. Antes de Jesus, apareceram pelo menos dois, Teudas e Judas, que são mencionados no livro de Atos (Atos 5:36-37).

Logo após a destruição de Jerusalém, no ano 130 apareceu um judeu chamado Bar Kochba, que anunciou ser o Messias. Os judeus acreditaram nele e, liderados por ele, se revoltaram contra

Roma. Os romanos invadiram de novo a região da Palestina e destruíram completamente o que havia restado da primeira invasão no ano 70.

Através da História, dezenas e dezenas de pessoas têm aparecido, passando-se pelo Messias. Há cerca de trinta anos, apareceu na Coreia um homem que dizia ser o Messias (outra versão oriental do Cristo). Ele ainda existe. O Brasil também tem seu Jesus Cristo. No sul do país, surgiu o *Inri Cristo*, uma figura que se veste como Jesus Cristo, usa coroa de espinhos e carrega uma cruz, sendo alvo de grande escárnio por parte da sociedade em geral. Falsos profetas sempre existiram, anunciando que o fim do mundo está próximo. Mas Jesus diz: "Vede que ninguém vos engane" (versículo 5). Cuidado com os sensacionalistas, com os que vêm arrogando a si títulos messiânicos, que dizem ser conhecedores da vontade de Deus e que arrastam multidões atrás de si.

Segundo sinal

O segundo sinal que Jesus nos dá é o irromper de guerras e o anúncio de outras guerras: "Quando, porém, ouvirdes falar de guerras e rumores de guerras, não vos assusteis; é necessário assim acontecer, mas ainda não é o fim. Porque se levantará nação contra nação, e reino, contra reino..." (versículos 7-8).

Como já mencionamos, esse período é chamado por Jesus de "o princípio das dores", em que haverá conflitos armados entre reinos, povos e nações. Povos se levantarão contra outros povos. Quando os Estados Unidos estavam para atacar o Iraque, a mídia e as pessoas faziam as seguintes perguntas:

- "Será essa a Terceira Guerra Mundial?"
- "Os países se levantarão para defender o Iraque contra os Estados Unidos?"
- "Isso vai deflagrar um conflito de proporção nuclear e universal?"
- "Esta ou aquela profecia irá se cumprir?"

As guerras trazem medo, angústia e sempre o perigo de extinção da raça humana.

Desde os dias de Jesus até hoje, as guerras têm acontecido. Contudo, quando Jesus disse essas palavras, elas poderiam soar vazias porque o império romano havia algumas décadas desfrutava de paz. O imperador havia imposto pela força, é verdade, a chamada *pax romana*. Tranquilidade e paz reinavam em todo o império. Quarenta anos após Jesus ter dito essas palavras, irromperam revoltas internas em Roma que sacudiram o império. Quatro imperadores foram mortos em um só ano: Galba, Otho, Vitelo e Vespasiano, um atrás do outro, e não parou por aí. A partir de então, vieram as guerras externas com os bárbaros invadindo o império romano.

Nos últimos trezentos anos, houve mais de trezentas guerras só na Europa, e a cada dia que passa vai ficando pior. Nação contra nação, reino contra reino, e mais rumores de guerra. O mundo não descansou um único dia, não teve sequer um único dia de paz desde que Jesus proferiu essas palavras. A advertência de Jesus aos discípulos, contudo, é que eles não devem se assustar com as guerras, pois o fim do mundo não virá por meio de uma guerra, como se o homem pudesse destruir a si mesmo.

O mundo não vai se destruir, nem a humanidade terminará num genocídio sem proporções. Não! O fim do mundo virá pela ação direta de Deus. O mundo não irá se destruir, mas será destruído: "Quando, porém, ouvirdes falar de guerras e rumores de guerras, não vos assusteis [...] [pois] ainda não é o fim" (versículo 7).

As guerras devem acontecer (final do versículo 7); devem acontecer para mostrar o pecado do homem e a ira e a justiça de Deus. As guerras mostram que o homem é incapaz de resolver os seus próprios problemas e que não tem condições de resolver o problema das guerras. As guerras mostram também que a ONU e outras organizações, por mais que tentem, não têm poder algum para impedir qualquer guerra neste planeta, como recentemente ficou demonstrado no conflito contra o Iraque.

Terceiro sinal

O terceiro sinal que Jesus dá está no final do versículo 8: "Haverá terremotos em vários lugares e também fomes". Essas calamidades trazem tremenda destruição entre os homens. Nós conhecemos o poder de um terremoto, de um furacão ou de um maremoto. Jesus disse que essas calamidades viriam em vários lugares, e assim tem acontecido. Entre os anos 60 e 80, houve uma grande fome em todo o mundo, conforme Atos 11:28 informa. Ela aconteceu nos dias do imperador Cláudio. A fome foi tão grande e tão extensa que os discípulos de Cristo, espalhados pelo império romano, fizeram uma coleta para levar ofertas e mantimentos para os cristãos pobres de Jerusalém, duramente atingidos por essa calamidade. Na década de 70, na mesma ocasião em que Jerusalém foi destruída, o vulcão Vesúvio entrou em erupção e arrasou duas cidades, Pompeia e Herculano. Só no século 19 foram contabilizados mais de setecentos tremores e terremotos! E a mídia está continuamente relatando enchentes, furacões, tempestades, secas e pestes; mal nos acostumamos com a aids, e já surge a sars, ou a pneumonia asiática que está se espalhando, fazendo centenas de vítimas em todo o mundo. Uma calamidade após outra. Mas Jesus diz aos discípulos: "não vos assusteis [...] não é o fim".

Todas essas coisas são apenas o "princípio das dores" (versículo 8b). O fim não chegou ainda. Os rabinos usavam essa expressão para descrever um período de sofrimento, antes da chegada do Messias. E essa expressão é tirada da figura de uma mulher que está prestes a dar à luz: primeiro, vêm as contrações, com espaços regulares e dores (o princípio das dores). Depois, o tempo entre as contrações diminui, as dores ficam mais fortes, tornam-se mais frequentes, mais intensas, e então é chegado o momento do parto. Aí a dor torna-se lancinante!

Jesus descreve a presente fase que vivemos como sendo as dores de contrações da História, que se aproxima do clímax. Está chegando o grande momento em que ela vai dar à luz, ou seja, em que Jesus voltará pela segunda vez. Até lá, essas contrações, o princípio das dores, vão ocorrer. É a época em que estamos vivendo.

Quarto sinal

O quarto sinal a que Jesus se refere está nos versículos 9 a 11: *a perseguição e o martírio dos cristãos*. Desse sinal, ninguém gosta. Nós não nos importamos em falar das guerras, das fomes, mas ninguém gosta de falar da perseguição. No entanto, está escrito: "Estais vós de sobreaviso, porque vos entregarão aos tribunais e às sinagogas...". Jesus adverte sobre esses períodos de perseguição intensa contra os discípulos.

As sinagogas dos judeus tinham os seus tribunais inquisitórios, que aplicavam a pena de açoites naqueles que eram considerados apóstatas do judaísmo. Para "falso ensinamento" eram geralmente 39 ou 40 açoites. Mas as interpretações variavam. Os tribunais romanos também tinham poder, debaixo da lei de César, de mandar matar, torturar, prender, arrestar os bens, assediar qualquer pessoa que declarasse não se sujeitar à autoridade de César e não adorar a sua estátua. Jesus profetizou que ondas de perseguição viriam, tanto da parte dos gentios quanto da parte dos judeus, contra os seus discípulos. Seus discípulos também seriam levados diante de reis e governadores, açoitados e mortos. O objetivo de tudo isso, nos diz o texto, no final do versículo 9, é que os cristãos dessem testemunho aos poderosos, para que reis e governadores, juízes e autoridades, ao examinarem e inquirirem os cristãos sobre o porquê da atitude deles, pudessem ouvir o evangelho.

A perseguição dos cristãos começou a acontecer logo após o surgimento da igreja cristã, no dia do Pentecostes, depois da morte e ressurreição de Jesus. Em Atos, lemos sobre a terrível perseguição que os judeus fizeram aos cristãos, antes da queda de Jerusalém. Nesse livro, vemos, a cada passo da igreja, como os judeus perseguiram, molestaram, assediaram-na de todas as formas possíveis, com o objetivo de destruí-la.

Depois da perseguição dos judeus e da destruição de Jerusalém, houve dez perseguições promovidas pelo império romano. São as dez famosas perseguições pagãs que começaram com o imperador Nero e terminaram com Diocleciano; aliás, Diocleciano arquitetou um plano para destruir todos os cristãos do império romano numa festa em homenagem aos seus deuses, chamada Terminália.

Tertuliano, um dos pais da igreja, quando tomou conhecimento disso, escreveu: "Pode nos massacrar, pode nos moer, pode nos matar. Quanto mais você nos apertar, mais nós nos multiplicaremos, porque o sangue dos mártires é a sementeira da igreja". Palavras imortais de Tertuliano ao imperador Diocleciano, o último imperador que promoveu a perseguição aos cristãos.

Depois da perseguição promovida pelos imperadores, na Idade Média e após a Reforma começaram as perseguições da Igreja Católica. Depois, vieram as perseguições por parte dos comunistas e ateístas. E agora, dos governos muçulmanos e dos governos pluralistas intransigentes, que colocam mais e mais barreiras à pregação da Palavra e à divulgação do evangelho em todo lugar. Essas palavras de Jesus de que, por amor ao nome dele, seus discípulos seriam levados diante dos tribunais e das sinagogas e seriam açoitados e mortos, têm sido uma realidade.

Os discípulos deviam ficar de sobreaviso, para não serem surpreendidos pela dor, pelo sofrimento, pela tortura e morte (Marcos 13:9). Mas, diante desses acontecimentos, podemos pensar que Deus abandona aqueles que lhe servem? O novo convertido deve ficar sabendo, logo no começo de sua carreira cristã, que estão profetizados sofrimentos, martírios e perseguições contra a igreja. As perseguições podem acontecer ainda nesta época, ainda nesta geração, na sua vida e na minha. Elas têm sido reais na vida de outros cristãos e podem ser na sua e na minha também. É bom ficar de sobreaviso.

O verdadeiro cristianismo não é o que tem sido pregado em muitas igrejas e por muitos pastores e obreiros hoje em dia. Não é simplesmente um caminho para a felicidade e realização pessoal neste mundo. Não é um caminho de prosperidade, de saúde e de bênção material. É claro que Deus pode nos presentear com essas coisas, mas a advertência do Novo Testamento é esta: "Fique de sobreaviso!", porque essas coisas podem acontecer aos que seguem Jesus. Esses acontecimentos não deveriam surpreender-nos, não deveriam nos pegar desprevenidos.

Numa situação assim, Jesus prometeu, Deus não nos desamparará: o Espírito Santo nos iluminará e nos fortalecerá diante dos algozes. Jesus promete consolo e orientação nessas horas: "Quando, pois, vos levarem e vos entregarem, não vos preocupeis com o que haveis de dizer, mas o que vos for concedido naquela hora, isso falai; porque não sois vós os que falais, mas o Espírito Santo" (versículo 11).

O Senhor Jesus prometeu que o Espírito Santo nos iluminará e nos fortalecerá na hora em que formos interrogados, na hora em que formos levados diante dos tribunais, para sermos questionados e desafiados a dar uma resposta à nossa fé. E, mais uma vez, a advertência é: "Não vos assusteis [...] ainda não é o fim".

Quinto sinal

O quinto sinal que Jesus dá aos seus discípulos, e que está no versículo 10, é a pregação do evangelho ao mundo: "... é necessário que primeiro o evangelho seja pregado a todas as nações" (versículo 10). As boas-novas do evangelho deveriam ser anunciadas, não só a cada indivíduo, mas entre todas as nações do mundo. E isso em meio ao período de perseguição e sofrimento: a pregação do evangelho a todas as nações está mencionada no meio dos versículos que falam da perseguição (versículos 9-11). É em meio às perseguições e ao sofrimento que a igreja evangeliza. A igreja não precisa esperar um tempo de paz e tranquilidade, pois isso acontece concomitantemente: as perseguições estão vindo, os cristãos estão sendo discriminados e, ao mesmo tempo, o evangelho tem que ser pregado ao mundo inteiro. Isso é necessário. Jesus não está apenas dizendo que isso vai acontecer, mas que, pelo decreto de Deus, isso tem que acontecer; é a missão da igreja, é seu dever anunciar o evangelho, mesmo em meio a todas as perseguições. É o que tem acontecido através dos séculos. Os apóstolos se espalharam pelo mundo, e Paulo, mesmo antes que as profecias de Jesus se cumprissem no ano 70, já havia evangelizado grande parte do mundo conhecido.

Outros apóstolos foram para diferentes regiões, como o Egito, por exemplo. Tomé foi para a Índia, segundo a tradição, anunciar o evangelho, isso também antes da destruição de Jerusalém. Mas as profecias de Jesus aqui não se cumpriram plenamente antes da destruição do templo, mas haverão de se cumprir, com certeza, antes da sua segunda vinda. E o evangelho será pregado. Foi pregado na Idade Média, após a Reforma, e especialmente no período moderno da história da igreja, com o surgimento das missões de fé e do moderno movimento missionário. A igreja de Cristo tem ido ao mundo todo.

Hoje, mais do que nunca, temos os recursos para evangelizar cada parte do planeta. Temos tecnologia, rádio, televisão, internet, a imprensa, meios de comunicação e de locomoção extraordinários para cumprir esse mandato numa geração.

Sexto sinal

Jesus nos dá ainda um sexto sinal: *a divisão familiar por causa do evangelho* (13:12). Jesus profetiza que o irmão entregará à morte outro irmão, e o pai, ao seu filho. Filhos se levantarão contra os progenitores e os matarão. Imediatamente vem à nossa mente a tragédia ocorrida no ano de 2002 em nosso país, quando uma estudante combinou com seu namorado e o irmão dele de matar os pais. Enquanto estes dormiam, os rapazes mataram os dois com canos de ferro; o plano da filha era ficar com a herança, que já lhe era destinada. Há outros casos, veiculados pela mídia, de filhos que se levantam contra os pais e os matam. Mas não é a esse tipo de morte que Jesus se refere.

O que Jesus quis dizer é que, em época de perseguição, pessoas trairão e entregarão familiares que seguem o evangelho e amam a Cristo. O ódio a Cristo é maior que os laços familiares, quando parentes e irmãos se estranham e já não andam mais juntos, porque um deles se tornou cristão. É o que tem ocorrido na História e ocorre ainda hoje. E a História está cheia de exemplos desse tipo.

Sétimo sinal

O sétimo e último sinal que Jesus deu aos discípulos é *o ódio generalizado contra os cristãos*. Esse ódio é por causa do nome de Jesus: "Sereis odiados de todos por causa do meu nome..." (13:13). O preconceito contra os cristãos é muito grande. O jovem universitário vai descobrir isso, por exemplo, na sua universidade. Se ele disser e assumir uma posição clara, aberta e pública de que é um seguidor de Cristo, que respeita os valores morais defendidos pelo Mestre, certamente será perseguido e discriminado. Isso acontece também no ambiente de trabalho, ou em qualquer outro lugar. O cristianismo provoca ódio, perseguição e revolta contra tudo o que ele representa, ou provoca amor completo, dedicação completa, conversão completa.

Recentemente, eu descobri na internet a Bíblia ateísta. Está em um *site* de ateus dedicado a destruir o cristianismo. Quem criou o *site* comenta cada versículo da Bíblia para achar contradições. Parece que o alvo dessa pessoa é o de abalar a fé dos cristãos, questionar, se lançar contra tudo o que se refere a Deus, e destruir o cristianismo.

Jesus, porém, nos pede para sermos perseverantes: "Sereis odiados de todas as nações, por causa do meu nome [...]. Aquele, porém, que perseverar até o fim, esse será salvo" (Mateus 24:9-13). Quem faz isso é verdadeiramente cristão.

As implicações práticas para nós hoje

Aqueles que ainda não receberam Jesus como Salvador, que não abraçaram o cristianismo, que não tiveram sua vida transformada, devem entregar-se sem reserva a Cristo. Devem refletir sobre a veracidade da profecia bíblica e ver que cada uma das palavras de Jesus se cumpriu e se cumpre literalmente. Todos os sete sinais que Ele deu aos seus discípulos, de coisas que aconteceriam nesse período, têm acontecido. As palavras de Jesus são verdadeiras, e com certeza o fim do mundo virá. E com o fim do mundo virá o julgamento final, quando Deus trará cada pessoa diante do tribunal, para responder pelos seus atos, pelos seus pensamentos impuros, pelas suas atitudes, pela sua desonestidade, pela falta de amor e de pureza, pelas mentiras, pela mágoa, pelo ódio aos outros, pela violência.

Deus irá nos levar a julgamento por todas essas coisas. Isso é tão certo como os sinais que estão se cumprindo.

E aqueles que já creram em Jesus e o receberam como Salvador e que estão sofrendo? Eu não me refiro àqueles que estão sofrendo porque são maus funcionários, maus maridos, más esposas, filhos desobedientes, pessoas de temperamento difícil, que as tornam inimigas de todo mundo. Estou falando daqueles que estão sofrendo por causa de Cristo. Os que estão sofrendo perseguições na família, na escola e no trabalho, porque tomaram uma posição ao lado de Cristo Jesus, porque manifestam claramente, diante de todos, que amam Cristo e querem segui-lo.

Aqueles que dizem "não" aos colegas, quando se aproximam com revistas pornográficas. Aquelas que têm dito "não" ao colega de trabalho, quando se vê assediada ou recebe uma cantada. Os que têm dito "não" às tentativas de "supostos" amigos de levá-los a determinados lugares, sendo, por isso, discriminados e chamado de nomes pejorativos. A Bíblia diz que estes são bem-aventurados, porque sofrem por causa do nome do Senhor.

Muitos têm desistido de Cristo por causa da pressão dos colegas. Muitos, que começaram bem na igreja, especialmente adolescentes, filhos de crentes, que fizeram a profissão de fé, quando vão para a universidade, começam a sair com os colegas, são pressionados e não perseveram, abandonando a Cristo por medo e vergonha. Mas os que perseverarem até o fim, enfrentando pressões e dificuldades, esses serão salvos. E aqueles que de fato pertencem a Cristo, mesmo negando o seu nome, como fez Pedro, certamente voltarão arrependidos e abraçados por sua graça.

Quem está sofrendo por causa de Cristo não deve desistir, "pois que aproveitará o homem se ganhar o mundo inteiro e perder a sua alma?" (Mateus 16:26). Os que estão sendo rejeitados pelos familiares, os aflitos e assustados pela maldade e violência do mundo devem saber que Deus os recompensará.

Quando lemos reportagens assustadoras nos jornais e vemos noticiários escabrosos na TV, percebemos que a sociedade de nossos dias anda inquieta, desorientada, perdida. Os pais têm medo de segurar os filhos e traumatizá-los. Mas têm medo também de largá-los e, a qualquer dia, aparecerem mortos num matagal. Ninguém sabe o que fazer, mas nós sabemos; nós temos a resposta para isso. Muitas pessoas estão indignadas, horrorizadas com os acontecimentos de nossos dias, "mas é preciso que estas coisas aconteçam", diz Jesus. É necessário que a maldade do homem fique exposta, para que perceba que nada do que faz pode reconciliá-lo com Deus. Nada do que eu faça, nada do que você faça, pode trazer paz e garantir perdão e comunhão.

Todos aqueles que estão interessados na evangelização devem saber que nós não podemos salvar a nós mesmos, precisamos de um Redentor, e é por isso que essas coisas têm que acontecer. Essas coisas têm que acontecer para humilhar o homem, para jogá-lo no pó e na cinza, para que ele olhe para a sua história, história marcada por guerras, por sangue, por violência e morte, e diga: "Quem me livrará do corpo desta morte?" (Romanos 7:24). E a resposta é pronta: Jesus Cristo, nosso Senhor, que veio para ser o Redentor da situação humana de pecado e miséria e para nos conduzir a Deus.

capítulo três

A Grande Tribulação

Quando, pois, virdes o abominável da desolação situado onde não deve estar (quem lê entenda), então, os que estiverem na Judeia fujam para os montes; quem estiver em cima, no eirado, não desça nem entre para tirar da sua casa alguma coisa; e o que estiver no campo não volte atrás para buscar a sua capa. Ai das que estiverem grávidas e das que amamentarem naqueles dias! Orai para que isso não suceda no inverno. Porque aqueles dias serão de tamanha tribulação como nunca houve desde o

> princípio do mundo, que Deus criou, até agora e nunca jamais haverá. Não tivesse o Senhor abreviado aqueles dias, e ninguém se salvaria; mas, por causa dos eleitos que ele escolheu, abreviou tais dias. Então, se alguém vos disser: Eis aqui o Cristo! Ou: Ei-lo ali! Não acrediteis; pois surgirão falsos cristos e falsos profetas, operando sinais e prodígios, para enganar, se possível, os próprios eleitos. Estai vós de sobreaviso; tudo vos tenho predito (Marcos 13:14-23).

Introdução

Um dos assuntos que mais têm chamado a atenção dos estudiosos da profecia bíblica é exatamente este da grande tribulação. Recentemente, foi publicada, em série, uma novela evangélica que virou *best-seller*, intitulada *Deixados para trás*. A história é sobre o arrebatamento da igreja, a grande tribulação e o reinado do Anticristo. A visão escatológica do autor dessa série é completamente diferente da nossa. Contudo, o sucesso da série mostra o interesse que o assunto desperta. E esse é exatamente o assunto do texto de Marcos 13:14-23.

Vejamos agora os sinais desse período que Jesus chama de "a grande tribulação" e o que o ensino do Senhor tem a nos dizer para os dias de hoje.

O abominável da desolação

O sinal que Jesus dá aos discípulos de que a destruição de Jerusalém e do templo está próxima é a chegada do "abominável da desolação". Ele diz: "Quando, pois, virdes o abominável da desolação situado onde não deve estar (quem lê entenda), então, os que estiverem na Judeia fujam para os montes" (versículo 14). A que Jesus se refere?

Quem conhece o Antigo Testamento, especialmente o livro de Daniel, irá saber a que Jesus está se referindo. Mas não precisamos especular muito para saber o que significa "o abominável da desolação situado onde não deve estar", porque Lucas já teve o trabalho de interpretá-lo para nós, em sua versão do Sermão Escatológico:

> Quando, pois, virdes Jerusalém sitiada de exércitos, sabei que está próxima a sua devastação. Então, os que estiverem na Judeia, fujam para os montes; os que se encontrarem dentro da cidade, retirem-se; e os que estiverem nos campos, não entrem nela. Porque estes dias são de vingança, para se cumprir tudo o que está escrito. Ai das que estiverem grávidas e das que

amamentarem naqueles dias! Porque haverá grande aflição na terra e ira contra este povo. Cairão a fio de espada e serão levados cativos para todas as nações; e, até que os tempos dos gentios se completem, Jerusalém será pisada por eles (Lucas 21:20-24).

O "abominável da desolação situado onde não deve estar" se refere ao fato de que Jerusalém seria cercada e sitiada por exércitos e inimigos. E, quando isso acontecesse, que ninguém esperasse que os judeus iriam resistir e vencer essa guerra. Eles seriam fatalmente devastados. Aquele seria o sinal, então, da ruína do templo e da cidade, que se avizinhava. Esse era o sinal que Jesus deu aos discípulos (cf. Lucas 19:41-44).

Contudo, de onde vem a expressão "o abominável da desolação"? Vem do Antigo Testamento. Jesus está citando o profeta Daniel. O profeta menciona essa figura três vezes, dirigindo-se ao povo que estava no cativeiro. Daniel falou a respeito do "abominável da desolação" ou da abominação desoladora. Uma abominação é alguma coisa que dessacraliza aquilo que é sagrado, alguma coisa que profana aquilo que é santo e, como resultado, provoca desolação e vazio (Daniel 9:27; 11:31; 12:11).

As palavras de Daniel são geralmente entendidas como uma referência primeira a Antíoco Epifânio, rei pagão que dominou Israel e dessacralizou o templo em 150 a.C. As palavras de Daniel se cumpriram cento e cinquenta anos antes de Cristo. Antíoco Epifânio fez guerra contra a nação de Israel e a dominou. Ele entrou em Jerusalém, construiu um altar em cima do altar de Jerusalém e colocou uma estátua de deuses pagãos no interior do templo. Também sacrificou uma porca no altar (terrível abominação para os judeus), o altar que Deus havia mandado construir.

Antíoco Epifânio deixou Jerusalém desolada. Proibiu, durante muito tempo, que os judeus entrassem no templo para realizar ali seus sacrifícios e ouvir a Lei e a Palavra de Deus. Ele foi a abominação, a profanação desoladora que esvaziou a casa de Deus, que desolou o culto a Deus. Esse foi o cumprimento primeiro dessa profecia.

Jesus, ao usar essa profecia de Daniel, nos ensina que ela tinha ainda outra aplicação, além da primeira: o cerco e a invasão de Jerusalém por exércitos inimigos, que novamente viriam a Jerusalém e fariam coisa semelhante àquela que Antíoco Epifânio fizera cerca de duzentos anos atrás.

Instruções aos discípulos

O que os discípulos deveriam fazer quando vissem Jerusalém cercada de exércitos? Jesus faz uma advertência e diz como eles deveriam se comportar quando esse sinal se cumprisse, quando vissem a ameaça se aproximando e os exércitos chegando. Eles deveriam fugir, porque seria inevitável a invasão de Jerusalém: "os que estiverem na Judeia fujam...".

Para onde deveriam fugir? "... fujam para os montes" (versículo 14), e isso com urgência, deixando tudo para trás, para salvar a vida: "quem estiver em cima, no eirado, não desça nem entre para tirar da sua casa alguma coisa; e o que estiver no campo não volte atrás para buscar a sua capa" (versículos 15-16). "Fujam", porque não haverá escapatória; é uma questão de vida ou morte.

A fuga seria difícil, especialmente para as grávidas. E veja a compaixão de Cristo, ao lamentar por elas: "Ai das que estiverem grávidas e das que amamentarem naqueles dias!" (versículo 17). Numa época em que, com certeza, os homens voltariam para pegar o que tinha valor, mas deixariam as mulheres, Jesus mostra compaixão e sensibilidade por elas, especialmente pelas que teriam muita dificuldade em fugir com uma gravidez avançada ou, ainda, com um menino de colo. Que dificuldade para fugir, para correr, levando criancinhas!

Eles deveriam orar para que a invasão não ocorresse no inverno, quando as chuvas tornavam as estradas intransitáveis (versículo 18). Algumas vezes, na Palestina, durante o inverno, até neve pode cair. Não é frequente, mas pode acontecer, dificultando, então, ainda mais a fuga.

Por que deveriam fugir? No versículo 19, Jesus mostra por que eles deveriam tomar esses cuidados, o porquê da urgência. Será que o Senhor não estava exagerando? Para que toda essa urgência em sair de Jerusalém? Por causa da natureza da tribulação que sobreviria. Diz o Senhor: "Porque aqueles dias serão de tamanha tribulação como nunca houve desde o princípio do mundo, que Deus criou, até agora e nunca jamais haverá" (versículo 19). Os discípulos não deveriam ter qualquer esperança de que os judeus haveriam de resistir ou vencer aquela guerra, que Lucas interpreta como sendo tempo de vingança contra os judeus (Lucas 21:22).

Jesus menciona o profeta Daniel: "... haverá tempo de angústia, qual nunca houve" (Daniel 12:1). O sofrimento seria tão grande que Deus usaria de misericórdia e haveria de encurtar aqueles dias por causa dos eleitos: "Não tivesse o Senhor abreviado aqueles dias, e ninguém se salvaria; mas, por causa dos eleitos que ele escolheu, abreviou tais dias" (versículo 20).

A misericórdia de Deus, no meio dessa grande provação, desse grande sofrimento, não consistiria em livrar seu povo do sofrimento, como alguns pensariam, mas em abreviar os dias. Haveria eleitos, cristãos verdadeiros, em Jerusalém, que passariam pelas angústias da guerra. O que Deus prometeu foi abreviar aqueles dias, não literalmente, diminuindo as horas do dia, mas fazendo que eles passassem rápido para aquelas almas aflitas, a fim de que eles pudessem suportar o sofrimento, para que, se tivessem de morrer, que morressem firmes na fé, sem negar Cristo. Quando o sofrimento se estende demais, há uma grande tentação para se negar a fé, para se blasfemar contra Deus, para se questionar a justiça de Deus, como a História nos mostra nos períodos das dez grandes perseguições promovidas pelos imperadores romanos contra os cristãos. Muitos cristãos abjuraram a fé e negaram Cristo para não morrer, para não serem devorados pelas feras, para não serem queimados vivos, para não serem empalados, para não serem crucificados, para não terem a mulher e os filhos torturados diante deles. Então, por amor ao seu povo, Deus abreviou o sofrimento para que todos eles fossem salvos. Porque, se Ele não fizesse isso, o sofrimento seria grande demais.

Mais uma vez, os discípulos não deveriam se deixar iludir pelos falsos profetas! Novamente, Jesus adverte contra essa gente. Ele diz: "Então, se alguém vos disser: Eis aqui o Cristo! Ou: Ei-lo ali! Não acrediteis" (versículo 21). O falso profeta é o homem da crise. Ele surge na crise, surge no momento da angústia, chega trazendo uma solução extraordinária. "Não acreditem nele", diz Jesus, "não acreditem!" Por quê?

Porque "surgirão falsos cristos e falsos profetas, operando sinais e prodígios, para enganar, se possível, os próprios eleitos" (versículo 22). Muitos iriam dizer que a catástrofe era o fim do mundo, outros apareceriam fazendo predições sobre a vinda de Cristo, realizando sinais e prodígios para autenticar suas profecias, falando a respeito do lugar onde o Cristo se manifestou, da maneira que o Cristo se manifestou, querendo fazer que os eleitos acreditassem que Cristo veio, e até fazendo sinais para provar isso. Mas os cristãos deveriam estar de sobreaviso (versículo 23).

A Bíblia nada diz sobre uma vinda secreta de Cristo. A vinda de Cristo não será invisível e revelada a poucos! Quando Jesus vier, todo olho o verá. Ele virá em glória: um evento universal, público e visível a todos! "Naqueles dias, após a referida tribulação, o sol escurecerá, a lua não dará a sua claridade, as estrelas cairão do firmamento, e os poderes dos céus serão abalados. Então, verão o Filho do Homem vir nas nuvens, com grande poder e glória" (versículos 24-26). Quando Jesus vier, não precisaremos que alguém nos diga: "Ele chegou, está em tal lugar!"

Através da História, sempre houve alguém dizendo que Cristo viria em certo dia ou que já havia chegado! O caso mais conhecido é o dos Adventistas do Sétimo Dia, que disseram que Jesus havia voltado em 1949, mas secretamente. Todo o texto do Novo Testamento que fala da aparição de Cristo se refere a esse evento como sendo público. Por isso, não devemos dar crédito a ninguém sobre esse assunto, mesmo que faça sinais e prodígios. E o Senhor Jesus termina, então, no versículo 23, dizendo: "Estai vós de sobreaviso". Tudo o que for necessário para atravessarmos esse período de tribulação, Jesus já nos revelou. Se a Bíblia não nos apresenta mais nada é porque não existe ou porque não é importante.

O cumprimento primeiro das palavras de Jesus

Essas palavras de Jesus se cumpriram, primariamente, na destruição de Jerusalém. No ano 66 d.C., o general Tito, comandando um grande exército, veio de Roma com o propósito de dominar e controlar uma rebelião que havia eclodido entre os judeus contra o domínio romano. Tito era filho do imperador Vespasiano; depois da morte de seu pai, ele assumiu o trono, tornando-se também imperador.

Descendo em direção a Jerusalém, Tito veio dominando tudo o que encontrava pelo caminho; no ano 70, ele chegou onde estava o templo. Tito foi a "abominação desoladora".

O historiador Eusébio, que viveu no século 4, escreveu um livro chamado *História eclesiástica*, onde narra alguns fatos relacionados com os cristãos do período apostólico até a época dele. Eusébio diz que, quando o exército estava se aproximando, os cristãos fugiram da Judeia e foram para os montes e, na cidade de Pela, na atual Jordânia, fundaram uma igreja que se tornou sede do cristianismo judaico durante muito tempo. Eles fizeram isso porque creram na profecia de Jesus. Mas isso é apenas uma lenda. Não existe comprovação se, de fato, isso aconteceu. No coração, nós desejamos que tenha sido assim, e que muitos cristãos, realmente, tenham fugido e escapado daquela matança. Mas, ao contrário, milhares de judeus correram para dentro da cidade, para o templo, confiando na presença de Deus, pois criam que poderiam vencer, que poderiam defender Jerusalém. Os judeus correram para Jerusalém, mas Jesus mandou fugir dela. Quando a cidade foi sitiada, havia mais de quinhentas mil pessoas lá, embora Flávio Josefo calculasse um número muito maior.

O cerco de Jerusalém durou quatro anos. Durante esse tempo, os fariseus, saduceus, zelotes e outros brigavam entre si. É Flávio Josefo quem narra esse fato. Em Roma, ele escreveu duas obras famosas: *Antiguidades judaicas* e *Guerra dos judeus*. Em *Guerra dos judeus*, Flávio Josefo narra o horror que havia acontecido em Jerusalém, que ele havia conhecido bem de perto.

Nesse período, apareceram falsos profetas pregando que o Messias haveria de chegar para salvar os judeus de tão terrível destino. Flávio Josefo fala até em sinais nos céus, mas isso pode ser exagero. Possivelmente, havia tempestades, sim, e outras coisas ao redor de Jerusalém, entendidas como prenúncios da catástrofe. Após quatro anos de cerco e fome, Tito e seus exércitos, por meio de um traidor, descobriram um caminho e entraram na cidade. Eles mataram a todos, velhos, crianças, homens e mulheres, da forma mais selvagem e cruel possível. Nunca houve, na história de Israel, uma destruição tão grande como aquela, um sofrimento tão terrível.

Os romanos queimaram a cidade, derrubaram seus muros e incendiaram o templo depois que o saquearam, tirando tudo o que havia de precioso nele. Depois, derrubaram o que havia sobrado, deixando uma parte de Jerusalém vazia, como se nunca ali tivesse sido construído algo.

Se o cerco durou quatro anos, a tomada e a destruição de Jerusalém duraram menos de seis meses. Era como se Deus, de fato, tivesse abreviado o tempo e o sofrimento de cristãos que estariam presos dentro da cidade. Quase a metade de Jerusalém era cristã. De acordo com o livro de Atos, a igreja crescia continuamente, e havia centenas e centenas de sacerdotes que obedeciam à fé.

Todavia, o cumprimento da profecia de Jesus foi completo? Será que tudo que Jesus disse se cumpriu naquele evento trágico do ano 70? Uma boa parte de estudiosos acredita que não. E existem evidências para isso.

O cumprimento futuro das palavras de Jesus

Há vários detalhes no texto de Marcos que sugerem que ainda resta um cumprimento maior e futuro para as palavras de Jesus. Em primeiro lugar, por causa dessa figura que Jesus usa aqui: *o abominável da desolação*. O sinal que Jesus deu para os seus discípulos foi o da presença *do abominável da desolação onde não deveria estar*. Quem é o abominável da desolação? Antíoco Epifânio, no ano 150 a.C., ou o general Tito, no ano 70 d.C.?

O que representa *o abominável da desolação*? É o símbolo do Anticristo, do poder que se levanta contra Deus e seu povo em todas as épocas. Quando nós procuramos entender o que são esses dois homens, especialmente da perspectiva do profeta Daniel, vemos que eles tipificam o que o apóstolo Paulo e o apóstolo João chamam de Anticristo, ou seja, um poder político secular e mundano que se levanta contra o reino de Deus, contra Cristo, contra todo o plano e propósito de Deus. É a força do homem, a força política, mundana, que persegue e tenta esmagar a igreja, que procura apagar o nome de Deus da face da terra. Não somente Antíoco Epifânio, não somente o general Tito, mas, através da História, muitos outros poderiam receber esse nome. E, quando juntamos essa figura *do abominável da desolação* à descrição que o apóstolo Paulo e o apóstolo João fazem do Anticristo, entendemos que Tito não pode ter esgotado completamente o sentido dessa profecia. Ainda resta alguma coisa, porque o espírito do *abominável da desolação* continua presente no mundo.

É certo que anteriormente nada houve igual ao massacre de Jerusalém. Ao descrever o sofrimento daqueles dias, Jesus disse que nunca houve, no mundo, uma tribulação como aquela (versículo 19). E essas palavras de Jesus se encaixam na história dos judeus. De fato, foi a maior de todas as suas desventuras até ali. Mas, com certeza, houve coisa igual ou pior *depois*, sob o comando de Hitler: cinco a seis milhões de judeus foram exterminados no Holocausto, cruelmente assassinados em Auschwitz, Mauthausen, Dachau. Jesus continua: "... e nunca jamais haverá" (versículo 19). Quando nós estudamos a história dos judeus, pensando especialmente no Holocausto, perguntamos, honestamente: "A destruição de Jerusalém, nos anos 70 foi a maior angústia que jamais veio a um povo?" Ou pelo menos àquele povo de Israel? Quando pensamos nos fornos e nas câmaras de gás que Hitler mandou construir nos campos de concentração para assassinar milhões de judeus, para sermos honestos, nossa resposta é negativa.

Portanto, a profecia de Jesus refere-se também a outros dias de grande tribulação. Então, parece que, mesmo com a atrocidade ocorrida na Segunda Guerra Mundial, essa palavra do versículo 19 também não foi totalmente cumprida.

Existe também uma ligação imediata da vinda de Cristo com os acontecimentos da grande tribulação: "Mas, naqueles dias, após a referida tribulação [...] [se verá] o Filho do Homem [vindo] nas nuvens..." (versículos 24-26); antes, no versículo 23, Jesus diz que devemos ficar atentos: "Estais vós de sobreaviso; tudo vos tenho predito", isto é, "avisei-os de tudo, antecipadamente".

O relato de Mateus é mais claro ainda: "Logo em seguida à tribulação daqueles dias [...] todos os povos da terra se lamentarão e verão o Filho do Homem vindo sobre as nuvens..." (24:29-30).

Tanto Mateus quanto Marcos e Lucas dizem que a vinda de Cristo será imediatamente após a tribulação daqueles dias.

O que isso quer dizer então? Das duas, uma: ou Jesus já voltou no ano 70 e nós não vimos, ou Jesus está falando de dois eventos, o que era comum nos profetas, como se fossem apenas um. As palavras de Jesus têm um duplo cumprimento e se cumprem, em parte, na destruição de Jerusalém e, em outra parte, se cumprirão em outro período, que é a interpretação de grande parte dos exegetas.

Certas pessoas dizem que a vinda de Cristo, nesse texto, refere-se à vinda em juízo contra Jerusalém e que, portanto, já se cumpriu. Não creio nessa possibilidade, porque Jesus diz que os anjos serão enviados para reunir os escolhidos na ocasião do juízo. Mateus diz que, depois disso, Ele vai se sentar no trono e julgar o mundo. Nada disso aconteceu. Portanto, rejeitamos tal interpretação.

É possível que tenhamos aqui um fenômeno profético que se chama profecia de duplo cumprimento, ou seja, às vezes, o profeta falava de dois eventos como se fossem um. Meu sogro, o rev. Francisco Leonardo, uma vez ilustrou essa passagem dizendo que logo na entrada da Suíça existe uma montanha muito bonita. Certa vez, quando viajou para lá, ele olhava aquela montanha e via somente um pico, mas, à medida que avançava no caminho, lateralmente, ele percebia que, por detrás, aparecia outra montanha e mais outra. Na verdade, tratava-se não somente de uma montanha, mas de várias, que formavam uma pequena cordilheira. Na primeira perspectiva em que meu sogro olhava, ele só conseguia vislumbrar uma montanha. A perspectiva profética é assim também. Fala-se como se fosse um único evento, mas, na realidade, é uma cadeia de eventos, e só a História, à medida que avança, nos faz compreender esses acontecimentos com detalhes.

Jesus se referiu à destruição de Jerusalém e a um período de intenso sofrimento, sem igual, que virá sobre o mundo, precedendo e preparando a vinda de Cristo. Só que Ele usa, para expressar ou descrever esse evento, a tragédia que aconteceu no templo entre os judeus. Ele pinta o quadro desse período futuro e tenebroso de angústia usando as cores dramáticas e terríveis da destruição de Jerusalém e do templo, no ano 70.

O sofrimento que viria sobre Jerusalém é um tipo de tribulação que virá sobre o mundo, ao aproximar-se o seu fim. É o período que antecede imediatamente a vinda de Jesus, quando o Anticristo dominará e promoverá grande perseguição ao povo de Deus. Dias terríveis estão reservados.

Que tipo, porém, de evento será esse? O domínio do Anticristo, o *abominável que traz desolação*. Um período curto, mas de intenso sofrimento sobre todo o mundo, sofrimento sem igual. Deus haverá de derramar sua ira sobre o mundo dos ímpios, e seu povo, então, será provado por meio dessas angústias.

É dessa maneira que queremos entender esse texto. Ele se cumpre primeiramente em Jerusalém, no ano 70, mas é um tipo, uma figura, que aponta para aquele período ainda futuro que antecede a vinda de Jesus, o do domínio do Anticristo e do sofrimento da igreja.

As implicações práticas para hoje

Há diversas implicações com aplicações práticas para os nossos dias.

Primeira implicação

A primeira é a exatidão da profecia bíblica, a veracidade das palavras de Jesus. Tudo se cumpriu como Ele disse. Alguns estudiosos, que não acreditam na inspiração, dizem que Jesus não poderia ter dito isso quarenta anos antes dos acontecimentos, que isso foi escrito depois do fato acontecido. O problema é que essas pessoas não creem em Deus nem creem na inspiração. Eu creio! Eu não tenho nenhum problema em acreditar que Jesus disse essas palavras proféticas quarenta anos antes e que elas se cumpriram literalmente. A teoria dos críticos não procede, porque há evidências sólidas de que os Evangelhos foram escritos antes do ano 70, portanto antes da destruição de Jerusalém. Se eu estivesse escrevendo depois dos anos 70 e quisesse provar que Jesus era profeta mesmo, teria dado mais detalhes. Em vez de falar do "abominável da desolação", eu teria mencionado o general Tito. Ficaria até mais claro. Jesus já teria predito inclusive o nome do general e do povo que viria cercar Jerusalém. Se eu estivesse escrevendo depois, procuraria impressionar o leitor dando mais informações. Mas, embora a profecia seja correta, ela não entra em pormenores que a História nos dá. Porque esse é o caráter da profecia bíblica. Então, vemos aqui a veracidade, a exatidão da profecia bíblica e a autoridade da Palavra de Deus. Da mesma forma que essas palavras de Jesus se cumpriram, também todas as suas promessas, com relação aos seus discípulos, se cumprirão: perdão, consolação, vida eterna, transformação e também juízo, castigo e disciplina. São palavras do mesmo Cristo, têm a mesma autoridade. Ouçamos, portanto, a voz de

Cristo nas Escrituras; ouçamos essa Palavra e obedeçamos a ela.

Segunda implicação

A segunda implicação é que devemos sempre ter uma atitude de compaixão para com o povo judeu. A tragédia que aconteceu nos anos 70 é uma tragédia que, dificilmente, poderia ser igualada, até que Hitler mostrou o contrário. Que sofrimento tremendo para um povo! Ao mesmo tempo que olhamos a história com compaixão, devemos orar pela conversão dos judeus, como nossos pais reformados fizeram, pois, ainda hoje, eles continuam negando o Messias.

Lucas nos diz que aqueles dias seriam dias de vingança, para se cumprir o que estava escrito contra aquele povo. Desde o seu nascimento, a nação de Israel virou as costas para Deus, quebrou a aliança, os mandamentos, e foi desobediente. Deus suportou tudo com paciência até que, finalmente, falando em termos humanos, Ele disse: "Agora basta!" Então, veio o castigo sobre a nação de Israel.

O que isso, porém, tem a ver conosco? O mesmo Deus que fez isso é o mesmo Deus a quem servimos. Deus irá submeter a juízo e a castigo aqueles que pecam e continuam, deliberadamente, pecando. Deus irá submeter a juízo e a castigo aqueles que abusam da sua Palavra, aqueles que são duros de coração.

Se Ele castigou seu povo escolhido, se fez cair toda aquela tragédia sobre o povo que tinha eleito no Antigo Testamento, se Deus fez isso com Israel, não fará também com todos aqueles que lhe desobedecem? É preciso parar de brincar com Deus! É preciso parar de zombar da Palavra de Deus! É bom refletir sobre esses eventos, sobre o sofrimento daqueles dias, como sendo um prenúncio e um exemplo da ira de Deus contra todos os que desobedecem à sua Palavra e se recusam a converter-se.

Terceira implicação

A terceira implicação é para ficarmos de sobreaviso: não há qualquer esperança no texto de que os cristãos serão arrebatados antes desse período, para um encontro secreto com Jesus nos ares. É uma pena, mas não há no texto nenhum sinal de arrebatamento. Eu gostaria que fosse verdade, gostaria que os cristãos fossem retirados antes de tudo acontecer. Eu sei que há um grupo de irmãos que acredita no arrebatamento secreto, numa primeira vinda secreta de Cristo, quando a igreja será arrebatada para encontrar-se com o Senhor nos ares, antes da grande tribulação. Mas, infelizmente, Jesus não menciona nada disso nos Evangelhos. Na verdade, Jesus fala dos eleitos que estarão ali, dos dias que serão abreviados por causa deles.

No entanto, por que Deus irá permitir que isso aconteça ao seu povo? Pela mesma razão pela qual Ele permite que nós passemos hoje pelo sofrimento, pela angústia, pelas dificuldades, pelas provações: para produzir caráter santo e verdadeiro, para produzir em nós a imagem do seu Filho Jesus. Será a última grande prova, a última grande tribulação que Deus imporá àqueles que o amam. Que Deus nos dê a graça não somente para enfrentarmos esses dias, se for a nossa geração que passará por isso, mas para permanecermos firmes em meio às tribulações que Ele nos manda diariamente.

capítulo quatro

A vinda de Jesus Cristo

> Mas, naqueles dias, após a referida tribulação, o sol escurecerá, a lua não dará a sua claridade, as estrelas cairão do firmamento, e os poderes dos céus serão abalados. Então, verão o Filho do Homem vir nas nuvens, com grande poder e glória. E ele enviará os anjos e reunirá os seus escolhidos dos quatro ventos, da extremidade da terra até à extremidade do céu (Marcos 13:24-27).

Introdução

O texto de Marcos 13:24-27 nos traz uma das mais extraordinárias promessas do nosso Senhor e Salvador Jesus Cristo, que ainda não se cumpriu. Muitas das profecias que Ele proferiu já tiveram seu cumprimento, conforme temos analisado. Mas essa ainda não teve. Há dois mil anos, Jesus disse aos seus discípulos que retornaria a este mundo com poder e glória para reunir o seu povo e ficar com ele para sempre. E quando será a volta de Cristo? O Senhor aparecerá subitamente, inesperadamente, logo após a grande tribulação (Marcos 13:24; confira Mateus 24:29). A grande tribulação funcionará como sinal de proximidade (Marcos 13:28-29).

Como já dissemos, alguns acham que Jesus já voltou durante a destruição de Jerusalém no ano 70. Outros acreditam que Jesus voltou no Pentecostes, na pessoa do Espírito Santo, para estar com a igreja para sempre. Portanto, de acordo com esses pontos de vista, essa promessa já se cumpriu.

Outros, ainda, acham que a volta de Cristo acontece quando o crente morre. Cristo vem ao encontro dele, para levá-lo para o céu. Mas, historicamente, a igreja tem pensado de forma diferente. A compreensão histórica da igreja cristã sempre foi que Jesus, nessa passagem e em outras similares, está profetizando seu retorno visível, universal, público e glorioso, encerrando o que nós conhecemos como a presente era, marcando o final do mundo e inaugurando o dia do juízo. É assim que tem sido entendido, e, por gerações, a igreja tem aguardado esse momento.

O dia e a hora ninguém sabe, "nem os anjos no céu, nem o Filho" (13:32). A igreja tem sondado a História, examinado os eventos, indagando quando esse retorno irá acontecer. Geração após geração, os cristãos analisam os céus, os eventos, a Bíblia, as circunstâncias e perguntam: "Será que nós seremos a geração em que essa promessa irá se cumprir?" Também a igreja tem debatido historicamente sobre como esse retorno ocorrerá. Será depois do milênio? Será antes do milênio?

Não haverá milênio algum? Será em duas ou três etapas? Diferentes interpretações têm surgido, mas, no geral, a mesma esperança é compartilhada por todos, por todas as gerações da cristandade, de que Jesus voltará pessoalmente a este mundo com poder e glória, para estar com os seus e julgar a humanidade.

Os sinais que acompanham a segunda vinda de Cristo

De acordo com o ensino de Jesus, o seu retorno será antecedido por sinais e manifestações cósmicas: "... naqueles dias, após a referida tribulação, o sol escurecerá, a lua não dará a sua claridade, as estrelas cairão do firmamento e os poderes dos céus serão abalados" (Marcos 13:24-25). Aqui Jesus está prevendo um grande transtorno no mundo e no Universo conhecidos.

Há duas possibilidades de interpretação das palavras de Jesus.

A primeira delas é tomá-las no sentido simbólico. Jesus não está descrevendo literalmente transtornos que acontecerão no Universo, nem descrevendo de forma literal o seu colapso. Ele estaria usando linguagem apocalíptica, a linguagem que era usada pelos profetas. Por exemplo, no livro do profeta Isaías, no capítulo 13, é antecipada a queda da Babilônia, numa linguagem semelhante, a partir do versículo 9: "Eis que vem o Dia do SENHOR, dia cruel, com ira e ardente furor"; e no versículo 10: "Porque as estrelas e constelações dos céus não darão a sua luz; o sol, logo ao nascer, se escurecerá, e a lua não fará resplandecer a sua luz".

O profeta Isaías está descrevendo a queda da Babilônia e usa essa linguagem cósmica para descrever o terror do juízo de Deus sobre aquela nação. Mais adiante, o profeta Ezequiel, no capítulo 32, a partir do versículo 7, profetiza contra o Egito. O texto diz: "Quando eu te extinguir, cobrirei os céus e farei enegrecer as suas estrelas; encobrirei o sol com uma nuvem, e a lua não resplandecerá a sua luz. Por tua causa, vestirei de preto todos os brilhantes luminares do céu e trarei trevas sobre o teu país, diz o SENHOR Deus". O profeta Joel também falou em termos similares sobre a vinda do Espírito Santo de Deus (capítulo 2, versículo 28): "E acontecerá, depois, que derramarei o meu Espírito sobre toda a carne...". No versículo 29: "sobre os servos e sobre as servas derramarei o meu Espírito" e no versículo 30: "Mostrarei prodígios no céu e na terra: sangue, fogo e colunas de fumaça. O sol se converterá em trevas, e a lua, em sangue, antes que venha o grande e terrível Dia do Senhor". Quando cita essa passagem de Joel, para dizer que ela se aplica ao dia de Pentecostes, o apóstolo Pedro relata exatamente como está registrado no livro do profeta, como se essa palavra, de que o Sol se escureceria e se converteria em trevas, e a Lua, em sangue, tivesse se cumprido no dia de Pentecostes.

Como eu já disse, para alguns intérpretes essa linguagem é fenomenológica, descreve esses fatos de uma forma figurada. Para eles, Jesus não estava falando do colapso literal do mundo, mas apenas usando linguagem apocalíptica para explicar o terror que sua vinda vai causar ao mundo. Contudo, eu não penso assim. Todo esse argumento é interessante, mas não penso assim. É bem verdade que quando os profetas falaram sobre a queda da Babilônia, sobre a queda do Egito e o dia de Pentecostes, eles usaram essa linguagem. Todavia, sabemos que os juízos que Deus executou no Antigo Testamento, bem como aquele que Ele executou contra Jerusalém, eram típicos ou simbólicos daquele grande dia do juízo. Não há nada na Bíblia que nos impeça de entender que aquelas passagens que falavam do julgamento da Babilônia, do Egito ou mesmo do dia de Pentecostes têm também como pano fundo o cumprimento final do que acontecerá no dia do juízo. O apóstolo Pedro, quando descreve o dia da vinda do Senhor, fala que "os céus passarão com estrepitoso estrondo, e os elementos se desfarão abrasados [...]. Nós, porém, segundo a sua promessa, esperamos novos céus e nova terra, nos quais habita justiça" (2Pedro 3:10-13). Essa descrição me parece bastante literal.

Assim, não vejo problema algum em acreditar que Deus fará isso literalmente. "As estrelas cairão do firmamento." Alguns criticam a Bíblia, dizendo que as estrelas são milhares de vezes maiores do que a Terra e que não há como elas caírem do céu sobre a Terra. Mas o que nós temos aqui é o que chamamos, na Bíblia, de "linguagem das aparências". A Bíblia frequentemente descreve os fenômenos naturais do ponto de vista do observador deles. Por exemplo: encontramos em Salmos 19:4-6 uma referência ao Sol cruzando os céus de um lado a outro, como se ele se movesse em torno de uma Terra fixa. Nós sabemos que, cientificamente, não é assim. Por quê? Porque quem se move é a Terra. Só que a Bíblia, quando fala dos fenômenos, usa a linguagem da aparência; do nosso ponto de vista, parece que o Sol é que está se movendo. Então, naquele grande dia vai parecer que as estrelas estão caindo. Eu não sei o que Deus irá fazer, mas a aparência para quem estiver aqui na terra é de que os céus estarão se desfazendo e que o Universo, como nós o conhecemos, chegou ao fim.

Eu não sei como Deus irá fazer isso e não penso que tenha alguém que saiba. Por isso, creio que não podemos ser dogmáticos a respeito desse assunto. Contudo, não vejo qualquer problema em entender essa linguagem como sendo descritiva de alguma coisa que irá acontecer. De fato, não é apenas linguagem apocalíptica, catastrófica, mas ela aponta realmente para o fim do presente Universo, dando início à transformação e à criação do novo céu e da nova terra onde habita justiça. O objetivo desses sinais é preparar o ambiente, criar o clima para a vinda do "Aguardado" de todas as nações.

Quando uma pessoa importante é esperada em algum evento, ela é precedida, dependendo do grau de importância, por uma comitiva que vem à sua frente, abrindo caminho com bandeiras e banda de música. Entretanto, nada disso é suficiente para receber Jesus. O próprio Universo em convulsão preparará o momento da chegada do Senhor de todas as coisas, chamando a atenção dos homens. E não só haverá um clima estrondoso para a chegada do Rei, mas também as nações sofrerão angústia e ficarão perplexas: "Haverá sinais no sol, na lua e nas estrelas; sobre a terra, angústia entre as nações em perplexidade por causa do bramido do mar e das ondas" (Lucas 21:25).

Esses efeitos no Universo afetarão naturalmente o mar. E os ímpios ficarão aterrorizados: "haverá homens que desmaiarão de terror e pela expectativa das coisas que sobrevirão ao mundo; pois os poderes dos céus serão abalados" (versículo 26). Aqui nós temos a descrição do que irá acontecer, do pavor que os eventos provocarão nas pessoas que não conhecem Deus. O terror será tanto que alguns desmaiarão de medo, pois não haverá mais esperança, nem haverá mais confiança, muito menos segurança. A expectativa de que o mundo irá melhorar, de que haverá um novo tempo, não existirá mais, pois os astros, em segundos, entrarão em colapso, e o Universo, como nós o conhecemos, chegará ao fim. Mas, por outro lado, Lucas diz também que "... ao começarem estas coisas a suceder, exultai e erguei a vossa cabeça; porque a vossa redenção se aproxima" (21:28).

O que para os ímpios será terror de morte, para o povo de Deus será momento de alegria e exultação. O crente aguarda esse dia com expectativa e esperança. O dia em que Jesus voltará (confira Lucas 19:41-44).

Como será a vinda do Senhor

Em contraste com a sua primeira vinda, o retorno de Jesus será em grande poder e glória. Não que Ele não tivesse poder na sua primeira vinda, mas fazia parte do plano da salvação que o Filho de Deus se despojasse da sua glória, do seu poder e da sua majestade e se tornasse limitado às condições humanas. Cristo tinha poder, mas não o poder que Ele tem agora, glorificado e exaltado à direita de Deus. Ele se esvaziou das suas prerrogativas e do seu poder durante aquele período, que é chamado período da humilhação. Ele agora virá com grande poder, para transformar os que tiverem vivos e resgatar os mortos das garras da morte. E Ele virá para destruir Satanás. Por tudo isso, se diz que Ele virá com grande poder, porque é preciso um grande poder para fazer isso — para destruir a morte de vez, destruir Satanás de vez e os inimigos de Deus. E Ele virá também com grande poder para julgar o mundo. Ele não vem mais para salvar, mas para julgar o mundo e condenar os ímpios e Satanás. Ele recebeu esse poder do Pai, o poder de julgar e condenar eternamente. É isso que Ele vai exercer com grande glória, com majestade, "para que ao nome de Jesus se dobre todo joelho [...] e toda língua confesse que Jesus Cristo é Senhor..." (Filipenses 2:10-11).

Deus reunirá o seu povo: "Ele enviará os anjos e reunirá os seus escolhidos dos quatro ventos, da extremidade da terra até à extremidade do céu" (13:27). Aqui está o objetivo declarado e primeiro do aparecimento de Jesus uma segunda vez: reunir o seu povo. Quando Ele deixou este mundo há dois mil anos, não eram mais do que 120 irmãos. Mas agora Ele vem buscar um povo numeroso, dos "quatros ventos", isto é, de todas as partes do mundo, referindo-se a Norte, Sul, Leste e Oeste. E não somente da extremidade do céu, mas até a extremidade da terra, dando a ideia de que é o povo de Deus de todas as épocas, é o momento da grande reunião da igreja de Cristo, da verdadeira igreja, da igreja invisível, da igreja universal, a igreja que Deus colocou aqui neste mundo. São os seus escolhidos que Ele virá buscar, aqueles que Ele elegeu, que Ele escolheu, não porque merecem alguma coisa, não porque são melhores do que os outros, mas pela sua graça, pela sua soberana vontade, pelo seu grande amor e pela sua misericórdia. Todos eles serão reunidos. Imagine que grande reunião! Lucas diz: "... ao começarem estas coisas a suceder, exultai e erguei a vossa cabeça; porque a vossa redenção se aproxima" (21:28).

O retorno de Cristo marcará o dia da vitória da igreja. A igreja hoje, e em todos os tempos, é sofrida, dividida, perseguida, misturada. É o que chamamos de igreja militante. Ela está espalhada pelo mundo, em alguns lugares sofrendo, sendo perseguida, martirizada, e em outros lugares vencendo, triunfando, testemunhando. Mas, no geral, a igreja, através dos séculos, sempre experimentou o martírio e o sofrimento.

O dia da vinda de Jesus será o dia da vindicação: "naqueles dias, após a referida tribulação" (versículo 24) e, conforme lemos no versículo 26: "... verão o Filho do Homem". Ou seja, Jesus descreve sua vinda em contraste com o período anterior, da grande tribulação: uma igreja perdendo a esperança... então virá o Filho do Homem. A vinda de Cristo representará o triunfo final da igreja, quando tudo parecer perdido, quando não houver mais esperança, quando só restarem questionamentos a respeito das promessas de Deus, quando apenas um remanescente neste mundo permanecer com fé, quando parecer que o plano de Deus para a redenção do homem falhou. A vinda de Cristo trará vitória sobre os inimigos da igreja, os incrédulos, os perseguidores, consumando a esperança e a expectativa, cumprindo as promessas do Antigo Testamento e, finalmente, promovendo a separação de quem é de Deus e quem não é. Hoje ninguém saberia dizer ao certo quem é quem. Mas, naquele dia, Deus mandará os seus anjos, que saberão identificar os escolhidos e os separar do mundo. É o dia da reunião gloriosa com o Salvador para sempre. É um dia que aguardamos com expectativa. Mas e os outros? O restante enfrentará juízo terrível. É o dia em que o mundo, finalmente, será julgado pela sua rebelião. Os ímpios receberão o justo castigo pela sua incredulidade e pelos seus pecados.

E nós? Nós cremos mesmo na volta de Jesus? Almejamos seu retorno? Estamos aguardando, ansiosos, o dia em que Ele virá nos buscar? Conta-se uma história em que alguns homens foram pescar em alto-mar e deixaram a sua família em terra. Durante semanas, eles estiveram pescando e, ao voltar, quando iam se aproximando do ancoradouro, havia uma multidão aguardando a chegada deles. Então, um deles disse: "Olha, lá está Maria! Antônio, a Maria está esperando você!"; "Olha, Francisco, a Josefa está esperando você". Um a um, os pescadores foram identificando sua esposa ansiosa, no ancoradouro, aguardando o barco. Menos um deles. Ele chegou, olhou e não encontrou a esposa. Subiu pela cidadezinha, foi até a sua casa e, lá chegando, abriu a porta e encontrou a esposa lidando com o serviço diário. Ela, virando-se, disse: "Oh, querido, eu estava esperando você!" Ele disse: "Você estava me esperando, mas as esposas dos outros pescadores estavam vigiando!" É a diferença entre simplesmente esperar que Jesus venha e de fato aguardar a sua vinda e vigiar, perguntando: "Quando o Senhor virá?" Olhar para o horizonte, na expectativa de que Ele virá a qualquer momento.

Deus quer que haja em nós essa expectativa intensa do retorno de Jesus, porque Ele é o Amado da nossa alma. Nós o aguardamos, e é somente Ele que dará fim à injustiça deste mundo, às nossas lágrimas, ao nosso sofrimento, à presença do pecado em nós.

capítulo cinco

Como aguardar a vinda de Cristo

> Aprendei, pois, a parábola da figueira: quando já os seus ramos se renovam, e as folhas brotam, sabeis que está próximo o verão. Assim, também vós: quando virdes acontecer estas coisas, sabei que está próximo, às portas. Em verdade vos digo que não passará esta geração sem que tudo isto aconteça. Passará o céu e a terra, porém as minhas palavras não passarão. Mas a respeito daquele dia ou da hora ninguém sabe; nem os anjos no céu, nem o Filho, senão o Pai (Marcos 13:28-32).

Introdução

Ao término de seu sermão, o Senhor Jesus contou uma parábola sobre a figueira e nela inseriu uma lição:

> Aprendei, pois, a parábola da figueira: quando já os seus ramos se renovam, e as folhas brotam, sabeis que está próximo o verão. Assim, também vós: quando virdes acontecer estas coisas, sabei que está próximo, às portas. Em verdade vos digo que não passará esta geração sem que tudo isto aconteça. Passará o céu e a terra, porém as minhas palavras não passarão. Mas a respeito daquele dia ou da hora ninguém sabe; nem os anjos no céu, nem o Filho, senão o Pai. Estai de sobreaviso, vigiai [e orai]; porque não

> sabeis quando será o tempo. É como um homem que, ausentando-se do país, deixa a sua casa, dá autoridade aos seus servos, a cada um a sua obrigação, e ao porteiro ordena que vigie. Vigiai, pois, porque não sabeis quando virá o dono da casa: se à tarde, se à meia-noite, se ao cantar do galo, se pela manhã; para que, vindo ele inesperadamente, não vos ache dormindo. O que, porém, vos digo a todos: vigiai! (Marcos 13:28-37).

Como já vimos, os discípulos queriam sinais, evidências, enfim acontecimentos que indicassem a proximidade da vinda do Senhor, mas Jesus não deu a eles uma cronologia de eventos ou um calendário escatológico. Deu-lhes apenas sinais que, simplesmente, confirmavam e asseguravam que Ele viria e que o mundo teria um fim. Portanto, guerras, fome, terremotos, peste e perseguição não podem ser chamados propriamente de sinais dos tempos. São eventos que acontecerão até a volta de Jesus.

Com relação à queda de Jerusalém, o sinal seria quando os exércitos a cercassem. Vimos que Jesus estava falando não somente sobre a destruição de

Jerusalém nos seus dias (aconteceu cerca de quarenta anos depois que Ele falou essas palavras), mas também do futuro. Talvez a nossa geração, talvez a próxima geração, não sei qual geração, possa sentir seguramente a extrema proximidade da vinda do Senhor quando vir o abominável da desolação, o surgimento do Anticristo. "[Quem] lê entenda..." E quem tiver discernimento perceba.

Como se portar diante dos sinais da vinda de Cristo

Quando olhamos a História, vemos as guerras acontecendo exatamente como Jesus predisse e as epidemias incontroláveis, que o homem não é capaz de deter. Quando termina uma, outra aparece. Como devemos nos comportar diante desses chamados sinais dos tempos, esses acontecimentos que têm marcado a humanidade até o dia de hoje: perseguição, ódio contra o cristianismo, divisão de famílias por causa do evangelho, martírio dos cristãos através da História? Isso vem acontecendo sem parar. Qual deve ser a nossa atitude diante da expectativa da vinda do Messias? E qual deve ser a atitude da igreja? A primeira coisa que Jesus ensina é que devemos, ao observar todas essas coisas, entender, com certeza, que Ele voltará, que a sua vinda é certa. Não sabemos o dia nem a hora, mas sabemos que Ele virá. Eu penso que é isso que Jesus quer dizer e ensinar aos seus discípulos (versículos 28-37).

Jesus se refere não somente à figueira, mas às árvores em geral (Lucas 21:29). Algumas pessoas entendem a figueira como se referindo à nação de Israel, usando o seguinte argumento: no Antigo Testamento, um dos símbolos para a nação de Israel era exatamente a figueira. Segundo elas, Jesus está mostrando nesse texto o sinal da sua vinda, ao dizer que, quando a nação de Israel reverdecer, como a figueira ganha novos galhos e folhas, sua vinda está próxima. Esse tipo de interpretação se tornou muito popular depois que a nação de Israel se tornou Estado, no ano de 1948, sendo reconhecido como um país. Os judeus estavam espalhados por todo o mundo, mas se juntaram e voltaram para Israel e constituíram um Estado. Muita gente disse que esse era o sinal que Jesus usou no versículo 30 de Marcos 13: "Em verdade vos digo que não passará esta geração sem que tudo isto aconteça". A figueira está reverdecendo, e a figueira é

Israel. Um dia ouvi um pastor dizer que, em 1948, a figueira reverdeceu, que Israel havia voltado para sua terra e que Jesus voltaria no espaço de uma geração, isto é, dentro de quarenta anos, em 1988. Até hoje, várias pessoas pensam que Jesus estava se referindo ao retorno de Israel à Palestina. Eu não penso que Jesus está se referindo à nação de Israel em particular, porque, se o reverdecimento da figueira é o retorno de Israel à Palestina, já se passou uma geração e Cristo ainda não voltou. Lucas, quando narra esse mesmo episódio, diz assim: "Ainda Jesus lhes propôs uma parábola, dizendo: Vede a figueira e todas as árvores. Quando começam a brotar, vendo-o, sabeis, por vós mesmos, que o verão está próximo" (Lucas 21:29). Se a figueira é Israel, então quem são as demais árvores? É claro que Jesus não tinha em mente a nação de Israel. Jesus tinha em mente o fato comum de que, quando todas as árvores começam a produzir folhas verdes, é sinal de que o verão está chegando. Ele usa a figueira, porque era a árvore mais comum na Palestina.

A verdade é que, da mesma maneira que podemos predizer, com certeza, a proximidade do verão, por causa do reverdecimento das árvores, assim também podemos esperar a volta de Cristo, quando observamos os sinais de que Ele falou: "Aprendei, pois, a parábola da figueira: quando já os seus ramos se renovam, e as folhas brotam, sabeis que está próximo o verão. Assim, também vós: quando virdes acontecer estas coisas, sabei que está próximo, às portas" (versículos 28-29). Jesus nos ensina a ter certeza de que Ele virá, usando como ilustração de como a figueira se comporta diante da chegada do verão. Na Palestina, durante o período de inverno rigoroso, as árvores perdiam as suas folhas e aparentemente secavam, parecendo mortas. De repente, onde parecia não ter vida, começavam a brotar novos ramos, e esses ramos se multiplicavam em folhas, reverdecendo. Os judeus viam a figueira florescer desde quando eram meninos e sabiam que o verão estava chegando. E Jesus diz: "Quando essas coisas estiverem acontecendo...". Pode ser que Jesus se refira particularmente aos sinais que antecedem imediatamente a sua vinda, a grande tribulação da qual já falamos.

Anteriormente, Jesus usou outra ilustração com esse mesmo efeito, que foi a da mulher grávida. Ele disse que as guerras, os terremotos, as pestes e os falsos profetas são o princípio das dores, as contrações que uma mulher sente quando está grávida e próxima a dar à luz. E as contrações tornam-se cada vez menos espaçadas, mais intensas, e, quanto mais esse padrão se repete, mais próximo está o momento de dar à luz. Essas contrações vêm da mesma maneira que surgem as folhas da figueira. Representam as guerras, os terremotos, os falsos profetas, a perseguição contra os cristãos; e, do lado positivo, a evangelização. Isso valeu para os seus discípulos quanto à destruição do templo e vale para nós hoje.

Esses sinais vêm acontecendo desde o primeiro século e irá acontecer até a volta do Senhor Jesus Cristo. Por isso, os cristãos devem ficar seguros e inamovíveis, na certeza de que Cristo virá, da mesma maneira que vem o verão.

A veracidade das palavras de Jesus e a autoridade da profecia bíblica devem nos manter firmes sempre.

Confiando nas palavras de Jesus

Jesus deixou mais duas palavras de conforto e fortalecimento aos seus discípulos, assegurando que Ele haverá de voltar. A primeira é esta: "Em verdade vos digo que não passará esta geração sem que tudo isto aconteça" (versículo 30). Essa é provavelmente a passagem mais difícil do Sermão Escatológico de Jesus. Como entender o que Ele quis dizer com "esta geração" e "tudo isto"? As possibilidades são inúmeras. Por exemplo, estava Jesus se referindo ao povo judeu como um todo? Aquela geração que estava ali, diante dele, ouvindo-o, não deixaria de existir até que todas as coisas acontecessem? Há quem acredite nessa interpretação. Eu simplesmente não entendo qual é o ponto aqui. Se Jesus está se referindo a todo o povo judeu, de todas as épocas, Ele também poderia ter olhado para os romanos e dito: "Não passará esta geração de romanos, até que tudo isso aconteça!" Ou, talvez, "a humanidade não deixará de existir até que tudo isso aconteça"? Eu não entendo assim, embora muitos estudiosos reformados, como William Hendriksen, entendam que é essa a interpretação.

Existe ainda outra linha de interpretação, já mencionada, que diz que Jesus se referia à geração que haveria de ver Israel voltar para a Palestina. Israel seria, então, a figueira, a geração que presenciaria a volta de Jesus, a geração que ficaria entre 1948 e 1988. Lindsey, que escreveu vários livros, inclusive um deles predizendo a data da vinda de Jesus, disse que esta se daria em 1988. Esse argumento fica sem força, porque Jesus não voltou nem foi visto por essa geração que começou em 1948. Também não vejo base para isso.

Outros acham ainda que Jesus estava se referindo aos ímpios. Ele disse: "Ó geração incrédula e perversa! Até quando estarei convosco? Até quando vos sofrerei?" (Mateus 17:17). Jesus estaria mesmo se referindo aos ímpios? Mas os ímpios sempre existiriam e eles veriam que todas essas coisas aconteceriam. Também não faz sentido.

A interpretação que, para mim, apresenta menos problemas é a de que Jesus está se referindo à geração da época dele. Se compararmos com Mateus 23, versículo 36, encontraremos uma expressão similar e correspondente. Jesus está dizendo, a partir do versículo 33: "Serpentes, raça de víboras! Como escapareis da condenação do inferno? Por isso, eis que eu vos envio profetas, sábios e escribas. A uns matareis e crucificareis; a outros açoitareis [...] para que sobre vós recaia todo sangue justo derramado sobre a terra...". Ou seja, "Vocês vão ser castigados. O sangue dos justos, que vocês derramaram, vai ser derramado sobre vocês. A ira de Deus vai cair sobre vocês".

Agora o meu ponto: "Em verdade vos digo que todas estas coisas hão de vir sobre a presente geração" (versículo 36), ou seja, "esse castigo que estou profetizando sobre Israel há de vir sobre a presente geração, sobre os que estão vivos hoje". O que Jesus, provavelmente, está dizendo é o seguinte: "Esta geração, todos que estão vivos hoje, inclusive vocês (referência aos discípulos), não morrerão antes de ver o cumprimento desses sinais". E foi o que aconteceu. Cerca de quarenta anos depois das palavras de Jesus, Jerusalém foi destruída. Muito antes disso, começou a perseguição à igreja, apareceram falsos profetas e falsos cristos, e o ódio aos cristãos brotou em todas as partes.

Isto de fato aconteceu: os discípulos estavam vivos e testemunharam, no espaço daquela geração, a destruição do templo, precedido dos sinais. Todas essas coisas mencionadas por Jesus, todas elas, tomando um sentido mais amplo, aconteceram durante o tempo de vida dos apóstolos, inclusive a queda de Jerusalém.

A permanência de suas palavras através dos tempos

Agora vejamos a segunda palavra de conforto que Jesus deixou aos seus discípulos. O mundo mudou, as pessoas mudaram, os tempos e os costumes também, mas as palavras de Jesus não passaram nem mudaram: "Passará o céu e a terra, porém as minhas palavras não passarão" (versículo 31). Ou seja, "as minhas palavras são mais firmes e estáveis que o Universo que vocês contemplam". Olhando o Universo, nós temos a impressão de que ele é sólido, permanente e imutável; um dia sucede ao outro, uma noite sucede à outra, todo dia o Sol faz o mesmo percurso. Como se diz: "Nada como um dia após o outro!" A rotina do Universo nos dá a impressão de que ele é seguro, mas Jesus profetiza que um dia esse Universo haverá de passar. Ele profetiza a falência do sistema cósmico, no qual vivemos agora. Tudo será destruído. Em contraste com isso, todavia, as suas palavras permanecerão para sempre.

Não marcando datas para o seu retorno

Jesus sabia que os discípulos estavam curiosos quanto a datas e ocasiões, mas frustra toda a esperança deles de fazer cálculos: Ele mesmo não sabia e diz: "Mas a respeito daquele dia ou da hora ninguém sabe; nem os anjos no céu, nem o Filho, senão o Pai" (versículo 32).

Os discípulos, porém, estavam curiosos. Quem não estaria? A curiosidade deles não acabou nem com essa advertência de Jesus, porque, quando Ele mais tarde aparece aos discípulos, após a ressurreição, e diz que vai mandar o Espírito Santo, eles perguntam novamente: "Senhor, será este o tempo em que restaures o reino a Israel?" (Atos 1:6). E Jesus diz novamente: "Não vos compete conhecer tempos ou épocas que o Pai reservou pela sua exclusiva autoridade" (versículo 7). Deus não revelou isso nem aos anjos, que estão na sua presença e gozam continuamente da sua companhia. E lembremos que Jesus é perfeitamente Deus, mas também perfeitamente homem. Esse é o mistério das duas naturezas.

Através da História, muitas tentativas foram feitas para marcar a data do retorno de Jesus. Charles Russell, fundador das Testemunhas de Jeová, e seus seguidores bateram o recorde: 1874, 1878, 1881, 1910, 1914, 1918, 1925, 1975 e 1984. Depois dessas tentativas frustrantes, eles declararam que haviam desistido, mas marcaram uma nova data para 1994. E erraram de novo.

Guilherme (William) Miller, precursor do Movimento do Advento, que deu origem ao Adventismo do Sétimo Dia, marcou a vinda de Cristo para outubro de 1844. Mas Jesus não voltou. Depois, Ellen White, uma das fundadoras da Igreja Adventista do Sétimo Dia, parece ter sugerido, segundo algumas fontes, que Cristo voltaria em 1850 e em 1856, e, então, desistiu. Dessa forma, os adventistas pararam de profetizar a data da vinda de Cristo.

Em 1982, veio uma notícia bombástica: os planetas iriam ficar alinhados no espaço, da perspectiva da Terra. Livros sobre o assunto surgiram em profusão. Muitos afirmavam que os planetas iriam ficar alinhados porque Cristo estava prestes a voltar. Seria um corredor por onde Cristo passaria para voltar à terra.

Os dispensacionalistas, como já dissemos, marcaram para o ano de 1988 a segunda vinda de Cristo porque, em 1948, judeus de várias partes do mundo voltaram para a Palestina. Houve quem escrevesse um livro intitulado *88 razões pelas quais Jesus vai voltar em 1988*. E Jesus não veio. Outro escritor, no ano seguinte, lançou outro livro: *89 razões pelas quais ele também não virá em 1989*, ironizando o livro anterior.

Não digo isso para tirar a esperança da vinda do Senhor. Não o faço para entristecer quem talvez pense dessa forma. Digo isso para que sejamos sábios e sóbrios.

Estar de sobreaviso

Estar de sobreaviso é estar avisado. Era exatamente isso que Jesus queria. Ninguém sabe o dia nem a hora. Os sinais que Jesus deu têm como objetivo dizer que Ele virá com certeza. E a vinda de Jesus está sempre próxima. Nenhuma geração tem e terá certeza de que a sua vinda acontecerá durante o seu tempo.

Os propósitos dos sinais são: termos certeza de que Ele virá; não marcar datas, pois ninguém sabe a hora nem o dia; e ficarmos de sobreaviso (versículos 33-37). E quem fica de sobreaviso deve estar alerta, acordado, atento.

Devemos ficar atentos em relação a nós mesmos: vigiar nossas atitudes, nosso comportamento e nosso próprio coração. Também orar em todo o tempo. No versículo 36 de Lucas 21, Jesus diz assim: "Vigiai, pois, a todo tempo, orando, para que possais escapar de todas estas coisas que têm de suceder e estar em pé na presença do Filho do Homem". Mas que coisas são essas que irão acontecer? Escapar de quê? Ora, das guerras, dos terremotos, dos falsos profetas, das perseguições, do ódio aos cristãos. Quando as coisas ficam difíceis, quantos continuam professando o cristianismo e quantos desistem de seguir a Cristo!

A oração é a arma do cristão para enfrentar ou superar todas essas coisas. O mundo não vai ficar melhor! Eu sei que, às vezes, nós temos essa ilusão, esse desejo, essa impressão de que vai melhorar. Mas não vai ficar melhor! Portanto, temos que vigiar e orar. Primeiro, para podermos escapar de todas essas coisas que têm de acontecer; segundo, para que, quando Cristo vier, Ele nos encontre em pé, como soldados fiéis, prontos para receber o Mestre, e não descuidados e negligentes. Foram essas as instruções do Senhor aos discípulos, de acordo com o Evangelho de Lucas (Lucas 21:36).

No entanto, por que razão precisamos vigiar e orar? Marcos nos apresenta dois motivos: como não sabemos quando Ele virá, nossa vigilância deverá ser ativa (13:33). Não devemos aguardar a volta do Senhor assentados, acomodados, dizendo: "Senhor, pode vir a qualquer hora que eu estou pronto!" Não! Devemos esperar sua volta trabalhando, cumprindo com os nossos compromissos com Deus, servindo a Ele com tudo o que temos e somos, vivendo uma vida de santidade, fidelidade, evangelizando e contribuindo. Nós aguardamos a vinda de Jesus fazendo a sua vontade.

Conta-se que uma vez perguntaram a Lutero: "O que você faria se Jesus voltasse amanhã?" Ele respondeu: "Eu plantaria uma árvore hoje!" Vou continuar minha vida normalmente, porque não há outra maneira de esperar Cristo voltar, senão servindo-o fielmente, diariamente, em santidade de vida, na expectativa do seu retorno, fazendo a sua vontade.

Jesus nos conta, finalmente, outra parábola, dando-nos mais um motivo para vigiar: "... um homem [...], ausentando-se do país, deixa a sua casa, dá autoridade aos seus servos, a cada um a sua obrigação, e ao porteiro ordena que vigie. Vigiai, pois, porque não sabeis quando virá o dono da casa: se à tarde, se à meia-noite, se ao cantar do galo, se pela manhã; para que, vindo ele inesperadamente, não vos ache dormindo" (versículos 34-36).

É curioso, porque as quatro vigílias a que o Senhor se refere são à noite. À tarde é o início da noite, meia-noite é a segunda vigília, ao cantar do galo é a terceira vigília dos judeus (3 ou 4 horas da manhã), e, pela manhã, a última vigília, 6 horas. Por isso, alguns dizem que Jesus voltará à noite. Eu não creio assim. Ele se referiu à noite porque é à noite que dormimos. Ele usou de propósito as vigílias da noite para dizer que, até de noite, devemos estar na expectativa da vinda do Senhor. Em outras palavras, que Ele não nos apanhe desprevenidos em momento algum. Temos que estar prontos, pois esta advertência é para todos nós: "... digo a todos: vigiai!" (versículo 37). Não há exceção!

Lições que podemos aprender

Gostaria de destacar três lições que podemos aplicar para nós hoje e concluir. As três maiores contribuições que o Sermão Profético de Jesus podem nos dar, diante do sensacionalismo, do profetismo, do escatologismo presentes no mundo evangélico de hoje, dos eventos no Oriente Médio, das guerras, do surgimento de novas epidemias, enfim de todos esses desastres ecológicos, são estas:

1. Os sinais antes de sua vinda. Esses sinais, como já dissemos, não são para marcarmos datas ou épocas, e sim um incentivo para estarmos seguros do seu retorno.
2. Resistirmos aos falsos profetas, que desobedecem à Palavra de Deus; resistirmos aos que seguem um tipo de escatologia, de profetismo, que vai de encontro ao que Jesus nos ensina.
3. A necessidade de estarmos atentos e vigilantes em todo tempo, para podermos nos reunir a Ele quando Ele voltar.

Contudo, o que irá acontecer se Jesus chegar e encontrar alguém dormindo? Ele não diz o que vai acontecer com os "cristãos" que não estarão vigiando. Eu posso imaginar, assimilando o ensino da Bíblia como um todo, que essas pessoas, na verdade, não são cristãs e que terão o mesmo destino dos ímpios, dos que não creem, daqueles que não esperam a vinda do Senhor.

Alguém pode perguntar se não existem crentes relapsos ou descuidados. De acordo com a Bíblia, não! O fato de alguém dizer que é crente, mas ter uma vida absolutamente comprometida com os valores mundanos, não andar de acordo com os padrões de Deus, amando o estilo de vida pecaminosa do mundo, está em desacordo com o evangelho, apesar de ser batizado, membro de uma igreja e frequentar os seus cultos. O verdadeiro povo de Deus estará em pé quando Jesus voltar.

"Aquele que dá testemunho destas coisas diz: Certamente, venho sem demora. Amém! Vem, Senhor Jesus!" (Apocalipse 22:20).

Sobre o autor

Augustus Nicodemus Lopes é pastor presbiteriano, mestre em Novo Testamento e doutor em Hermenêutica e Estudos Bíblicos. Atualmente é pastor auxiliar da Primeira Igreja Presbiteriana do Recife. É casado com Minka Schalkwijk, e o casal tem quatro filhos, Hendrika, Samuel, David e Anna.

Sua opinião é importante para nós.
Por gentileza, envie-nos seus comentários pelo e-mail:

editorial@hagnos.com.br